为足球而生

梅西传奇

张佳玮 著

湖南文艺出版社　博集天卷

梅西传奇

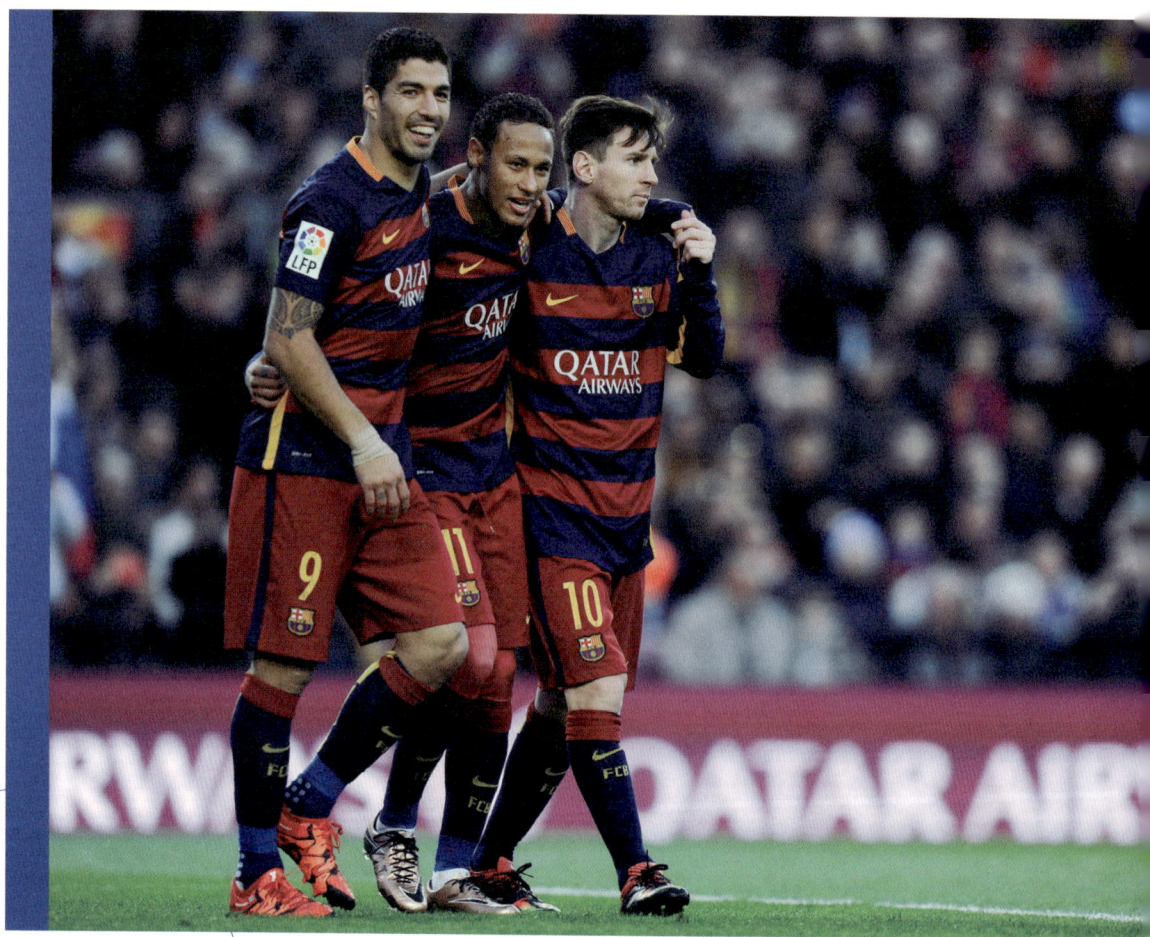

梅西传奇

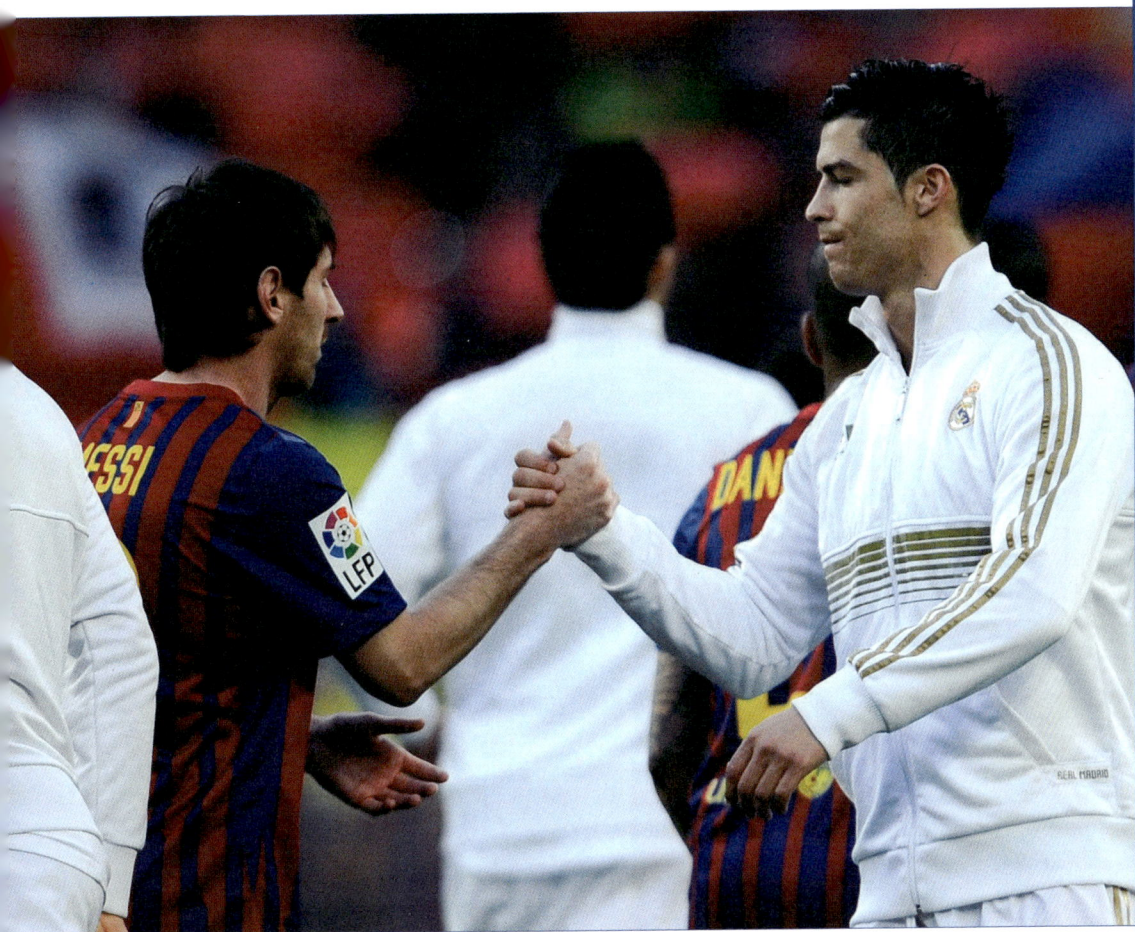

梅西传奇

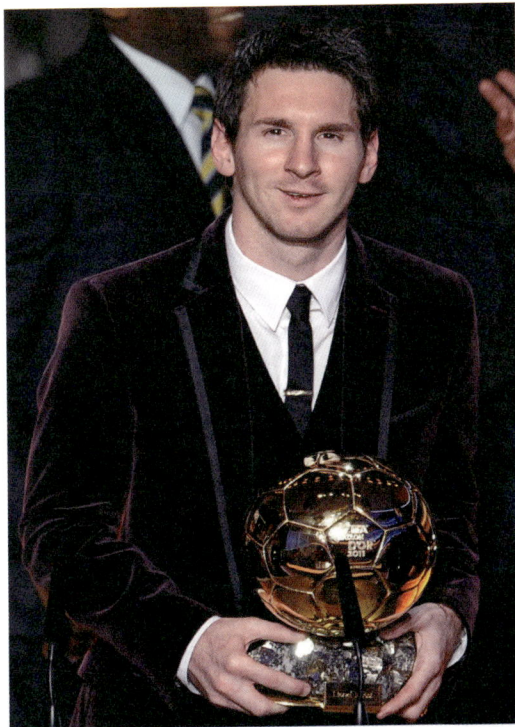

梅西传奇

梅西传奇

CONTENTS

目 录

梅西传奇

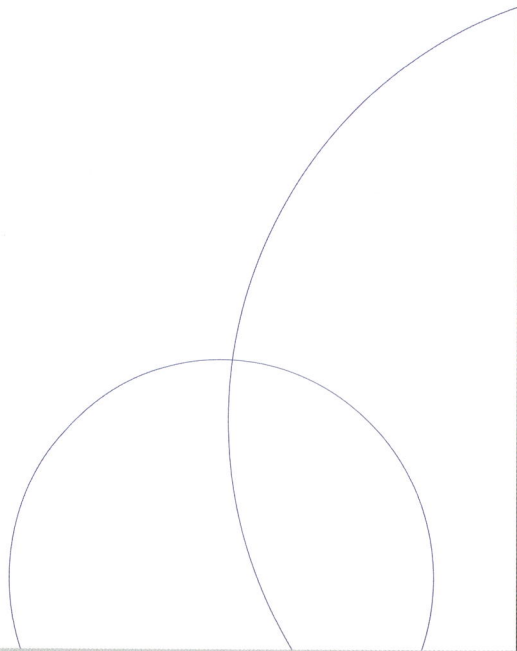

01.梅西，阿根廷，开始

1987 年 6 月 24 日，阿根廷圣达菲省罗萨里奥市的加里波第意大利医院，豪尔赫·奥拉西奥·梅西和塞莉亚·玛丽亚·库奇蒂尼有了第三个孩子。

塞莉亚·玛丽亚·库奇蒂尼当时在磁铁制造车间工作，她的母亲塞莉亚·奥利维拉·德·库奇蒂尼性格极好，那会儿 57 岁了。

豪尔赫和塞莉亚先前已经有了两个儿子：罗德里戈和马蒂亚斯。

三儿子？那就叫莱昂内尔·安德雷斯·梅西吧。

莱昂内尔的词根意思是：狮子。

阿根廷这片土地，说来话长。这国家地处南美，官方语言是西班牙语，然而国民又不都是西班牙人。像时任钢铁厂经理的豪尔赫·梅西，身上有意大利和西班牙血统：他的祖父安杰洛·梅西是个有加泰罗尼亚和意大利血统的混血儿，1883 年渡海来到阿根廷定居。阿根廷人中，如豪尔赫·梅西这样的移民不算少数，所以有阿根廷人曾开玩笑说："阿根廷人是说西班牙语的意大利人，并自以为住在巴黎的英国人。"

与此同时，阿根廷人还有另一面。何塞·埃尔南德斯的英雄史诗《马丁·菲耶罗》，讲述了主人公一生不幸的遭遇和顽强的斗争，将高乔人描绘为阿根廷精神的象征。

大概这就是阿根廷人：他们觉得自己有欧洲人古典的那一面，却又对混乱的世界、悲剧的命运和顽强的斗争颇为着迷。

所以给孩子起名莱昂内尔，希望他成为狮子，也算是豪尔赫·梅西热血的一面吧。

那个年代——当然至今依然如此——整个南美人都热血，都热爱足球。1958 年到 1970 年，巴西拿下四届世界杯足球赛的三座冠军奖杯，球队功臣贝利成为足球史上的传说，巴西人民也借世界杯冠军的凝聚力，度过了工业化和现代化时期。

阿根廷人对足球的狂热，跟巴西人相比毫不逊色。1978 年，刚经历军事政变的阿根廷在本土举办世界杯并夺冠，便凝聚了阿根廷的民心。

然后，他们就迎来了自己的传奇球王：迭戈·马拉多纳。

迭戈·阿曼多·马拉多纳 1960 年 10 月 30 日生于阿根廷首都布宜诺斯艾利斯。他个子不高（165 厘米），但结实凶猛，球技如神。1979 年，他带领阿根廷拿下世界青年足球锦标赛冠军。1981 年，他转投阿根廷两大豪门之一的博卡青年队（另一大豪门是河床队），名扬天下。1982 年春天，阿根廷与英国爆发马岛战争，从此两国视彼此为仇敌。当年夏天，马拉多纳首次代表阿根廷出战世界杯，但表现不佳，尤其是对阵巴西，他还因犯规被罚下场。当年 7 月，他以创纪录的 900 万美元身价，去了西班牙甲级联赛豪门球队巴塞罗那。两年后，他去了意大利的那不勒斯俱乐部。

1986 年世界杯，马拉多纳身穿代表荣耀的 10 号球衣——在足球世界，这象征着球队的进攻核心——代表阿根廷参加了墨西哥世界杯，射进 5 球，助攻 5 次，带队夺冠。

但对阿根廷人而言，最伟大的甚至不一定是夺冠，而是 1/4 决赛，阿根廷对英格兰。鉴于 4 年之前，英国与阿根廷之间爆发了马岛战争，阿根廷人深觉与英国的这一场比赛，堪称血海深仇之战，乃是战争的延续。上半场双方 0 比 0。下半场开始 6 分钟，马拉多纳左翼突破，传球给队友巴尔达诺，自己内切；球被英格兰的斯蒂夫·霍奇碰到，飞向马拉多纳；马拉多纳与英格兰守门员、高他近 20 厘米的彼得·希尔顿争抢空中球时，伸左手将球打进。突尼斯裁判阿里·宾·纳赛尔没看见，于是判进球有效。之后马拉多纳承认，他招呼队友过来拥抱自己，"不然裁判会取消进球的"。

赛后，马拉多纳厚着脸皮说：

那个球碰了马拉多纳的头，以及上帝之手，这才进去的！

马拉多纳带领阿根廷队夺得 1986 年墨西哥世界杯冠军

梅西传奇

这球赢得自然不算光明正大,英格兰人为之切齿,阿根廷人则兴高采烈。

但接下来发生的事,连英格兰人都心服口服:

4分钟后,马拉多纳中场接到队友赫克托耳·恩里克传球,盘过英格兰的彼得·比德斯利、彼得·雷德、特里·布奇、特里·芬维克,10秒钟狂奔60米,最后晃过守门员希尔顿,斜射得分。

很多年来,这普遍被认为是足球史上最卓越的一个进球,是所谓"世纪进球"。

在寡廉鲜耻的"上帝之手"进球后,接着出现了一个不可思议的世纪进球。阿根廷击败了英格兰。这一场比赛被认为是马拉多纳的毕生杰作:魔鬼与天使集于一人之身,让阿根廷全国人民为之疯狂,为之喜极而泣。当时球赛解说员维克多·雨果·莫拉雷斯,有一段传奇的西班牙语解说,译成中文是:

> **"** 马拉多纳拿球,两个人在钉着他。马拉多纳触球,这个足球天才向右冲刺,摆脱了一个人的防守,要把球传给布鲁查加了!还是马拉多纳带球!天才!天才!天才!他晃过了一个、一个又一个防守队员!射门!球进了!我要哭了,我的天哪,足球万岁!球进了,迭戈!马拉多纳!这足以让我流泪,原谅我!马拉多纳,带着球一路狂奔,这是一段令人难忘的奔袭!

历史性的进球……他的光芒照耀整个宇宙……你究竟来自哪个星球？就这样斩断了英格兰前进的道路。全国人民都握紧拳头为阿根廷欢呼！阿根廷 2 比 0 胜英格兰！迭戈！迭戈！迭戈·阿曼多·马拉多纳！谢谢上帝！感谢足球！感谢马拉多纳！感谢这些眼泪！阿根廷 2 比 0 胜英格兰!! "

　　1986 年的世界杯，是属于马拉多纳的。此前对韩国，马拉多纳的助攻决定胜利；对意大利，他强行抢到身位小角度进球。淘汰英格兰后，对比利时，他一个抢点外脚背弹射远角射门，一个突破四人推远角射门，连进两球，带领阿根廷队打入世界杯决赛。在决赛中，阿根廷先 2 比 0 领先德国，再被追到 2 比 2 平，然后马拉多纳策动第三球，阿根廷以 3 比 2 的比分锁定世界杯冠军。

　　拥有足球史上屈指可数的优秀技术，加上足球史上屈指可数的既坚韧又浑不论的个性，在世界杯舞台上，在两国恩怨未解之际，马拉多纳送出世纪进球，带队登顶。

　　4 年之后，马拉多纳又带领阿根廷队杀进 1990 年意大利世界杯决赛，这次惜败德国。1994 年美国世界杯，马拉多纳中途被查出服用禁药，被禁赛，阿根廷被罗马尼亚淘汰。

　　这就是马拉多纳。

他是足球史上最可怕的存在，身材矮壮，却拥有不可思议的平衡感与球感。他可以随心所欲地处理球，拽不倒，拉不住，围不住。他可以独自击破对手整条防线。除了他的平衡感、球感和高超的球技，被人津津乐道的还有他的坚韧与浑不论。他不知何为放弃。他是天使与魔鬼的结合体。阿根廷人热爱他，热爱他的坚韧、大胆与热情，也热爱他的狡猾、拼命、疯狂和为了胜利不择手段。他是阿根廷人的精神图腾。

马拉多纳退役之后，阿根廷一直在寻找他的接班人。

在马拉多纳之后，阿根廷出了许多足球天才：阿里尔·奥特加、巴勃罗·艾马尔、罗曼·里克尔梅、安德烈斯·德亚历山德罗、哈维尔·萨维奥拉……只要是个身材与马拉多纳相仿、技艺灵巧的天才，阿根廷人就觉得，那可能是马拉多纳的接班人。

就在马拉多纳上演"上帝之手"和"世纪进球"进球之后一年零两天，莱昂内尔·梅西出生了。

他成长的年代，是阿根廷人疯狂热爱足球、无限崇拜马拉多纳的年代。

梅西的家庭成员，理所当然全都是狂热球迷。于是莱昂内尔自小开始，就跟哥哥罗德里戈与马蒂亚斯，堂兄弟马克西米利亚诺和艾玛努埃尔一起踢球。

5岁那年，莱昂内尔·梅西进了当地俱乐部格兰多里，他的第一任主教练是萨尔瓦多·阿帕里西奥。他亲爱的外祖母塞莉亚·奥利维拉·德·库奇蒂尼会接送他去训练与比赛。

那是他最初的足球时光。

梅西传奇

那会儿跟他一起踢球的哥们儿里，有一个叫卢卡斯·斯卡利亚的。斯卡利亚有个表妹叫安东内拉·罗库佐，与莱昂内尔就此认识了。

1994年，莱昂内尔开始在阿根廷老牌劲旅纽维尔老男孩队——那也是马拉多纳效力过的球队——的低级别球队训练。作为1987级青少年队的成员——这支球队以队员出生年份为队名——他踢了6年球。偶尔在纽维尔老男孩一线队伍比赛中场休息时，他们这些孩子出场表演，让休息的观众看个乐子。所以，莱昂内尔·梅西从小就很熟悉如何在巨大辽阔的球场上面对观众表演球技。

按照罗萨里奥市的记录，莱昂内尔为纽维尔少年队首次出场，是1994年4月9日。那场比赛纽维尔6比0击败对手，不到7岁的莱昂内尔独进4球。加入少年队的第一年，他为纽维尔出战29场，进40球。1999年，出战29场，进55球。2014年，他当时的主教练厄内斯托·维克奇奥回忆说："看到莱昂（莱昂内尔的昵称）小小年纪就踢得这么好，真是令人诧异。你无法相信一个如此小巧的孩子，能把足球踢得这么好。"

曾经有一场比赛梅西生病坐板凳，当球队0比1落后时，教练跟他说："莱昂，给我把比赛赢下来！"梅西跳起来，上场，打进两球赢了比赛。

但在莱昂内尔11岁那年，即1998年，他经历了两件人生大事。其一，1998年5月8日，外祖母塞莉亚·奥利维拉·德·库奇蒂尼逝世了。对莱昂内尔而言，这打击是锥心刺骨的。

从那之后，作为一个虔诚的天主教徒，
他每次进球都会仰望天空，双手指天，
向外祖母致敬。

其二，虽然他天赋绝伦，用纽维尔老男孩青年队教练阿德里安·科里亚的话说，"当你初见他时，你会想：这孩子踢不了球。他太脆弱太娇小了。但再看他踢几脚球，你马上就会意识到他生来与众不同，他是个天才"，他在纽维尔老男孩 1987 级青少年队待了 6 年，进了超过 200个球。但天妒英才，在 1998 年，他被确诊患上了生长激素缺乏症。

这意味着，别说成为职业球员了，他连健康长大都不容易。

他需要进行生长激素治疗，每月至少花费 1000 美元。纽维尔老男孩队望而却步了：他们没那么多预算花在一个孩子身上。

1999 年，意大利球队科莫曾有机会签下莱昂内尔·梅西。但当时签下莱昂内尔，意味着得把他全家一起搬去意大利。情况过于复杂，科莫放弃了。

一年后，阿根廷的老牌劲旅——首都布宜诺斯艾利斯的河床队，也曾动过招揽莱昂内尔的念头——题外话，莱昂内尔当时很欣赏河床队风格灵秀的组织者，绰号"小丑"，也被阿根廷人当作马拉多纳接班人的巴勃罗·艾马尔。但那时恰是阿根廷国家经济艰难的年头，球队也没什么预算。很多年后，2019 年 5 月 31 日，莱昂内尔自己说起了这段往事：

　　　　　　　　　　　　　　　　　梅西传奇

进球后，梅西双手指天，向外祖母致敬

梅西传奇

我当时在纽维尔，去了河床设在罗萨里奥的足球学校测试。他们让我去了布宜诺斯艾利斯，去跟 85 届的人踢球，他们都比我大。我踢了 15—20 分钟，他们告诉我 10 天后再来。我又去了，进了三四个球，他们就让我留下，接受测试。他们打算接管我的治疗。纽维尔当时没钱为我治疗。我爸妈尽力帮我想法子找治疗机会。河床要我去弄转会证明，但纽维尔没给我机会。

2000 年 9 月 3 日，莱昂内尔第一次接受了媒体采访，这是他第一次被阿根廷民众所知。

两周之后，他和父亲从布宜诺斯艾利斯起飞，跨越大西洋，经停西班牙首都马德里——那时他当然不知道，自己和马德里会有如何漫长曲折的因缘——去了巴塞罗那。

02.巴塞罗那
与拉玛西亚

梅西少年时便对巴塞罗那队颇有好感，倒不只是因为马拉多纳曾身穿巴塞罗那队的 10 号球衣。

2012 年，莱昂内尔承认过，他成长过程中最喜欢的前锋是巴西巨星——"外星人"罗纳尔多：

"罗纳尔多是我的英雄，他是我见过的最好的前锋，他如此之快，可以凭空获得进球，他的射门也是我见过最好的。"

"外星人"罗纳尔多，1976 年出生，年少成名，1994 年加盟荷兰甲级联赛球队埃因霍温，1996 年转投巴塞罗那。在巴塞罗那的短短一个赛季，他参加 37 场西班牙甲级联赛，进 34 球，各种比赛合计 49 场进 47 球，均为当时的巴塞罗那队史上纪录。1997 年 1 月，他以 20 岁的年纪成为世界足球先生。同年，他还拿到了《法国足球》评选的年度金球奖，早早成为世界之王。在巴塞罗那效力一年后，"外星人"又转投意大利国际米兰。1998 年，他带领巴西国家队参加法国世界杯，杀进决赛，自己荣膺世界杯最佳球员。但在决赛中，法国队的 10 号——巨星齐内丁·齐达内独进两球，带领法国以 3 比 0 的比分赢球夺冠。罗纳尔多则在此后因伤起伏 4 年，终于在 2002 年世界杯中带领巴西队夺下世界冠军，自己单届世界杯射入 8 球，成为最佳射手——但那是将来的事了。

只说 1996—1997 赛季，"外星人"便效力过巴塞罗那。他这一年五光十色的 47 个进球中，包括 1996 年 10 月 11 日对孔波斯特拉的一球：他从中场带球高速前进，以轻盈的运球连续晃过对方 5 名防守队员，直到禁区，最后在对方门将无法做出反应的情况下巧射入网。接下来的 48 小时，这个进球在西班牙各大电视频道被重放 160 次之多，大家普遍将这一进球与马拉多纳的世纪进球相提并论：摆脱、长途奔袭、连续过人、进球，纯粹天才的灵感。

对从小看着马拉多纳踢球的莱昂内尔·梅西而言，他喜欢这样的进球，喜欢罗纳尔多这样的前锋，对这样的巴塞罗那队心怀好感，那是理所当然。

莱昂内尔的父亲豪尔赫，先前已联系了巴塞罗那俱乐部，于是在巴塞罗那，中间人何塞普·马里亚·明格利亚办公室的赫拉西奥·加吉奥利前来，接待了梅西父子。明格利亚自己给巴塞罗那的体育总监卡洛斯·雷克萨奇打了电话。2000 年 9 月 13 日落地巴塞罗那后，莱昂内尔就到诺坎普球场附近的一家酒店睡下了，度过了在巴塞罗那的第一夜。

梅西传奇

2002 年世界杯决赛，罗纳尔多进球后庆祝

那时他不知道，巴塞罗那以及附近那个宏伟的诺坎普球场，对他而言意味着什么。

巴塞罗那是西班牙著名的港口城市和商业中心，是巴塞罗那省省会，是加泰罗尼亚自治区的首府，也是 1992 年夏季奥运会的举办地。巴塞罗那位于伊比利亚半岛的东北部，面临地中海，气候宜人，风光旖旎。相传巴塞罗那由迦太基人建造，名字来源于迦太基将领汉尼拔的父亲哈米尔卡·巴卡的姓氏。19 世纪末 20 世纪初，以安东尼·高迪为首的卓越设计师在这里塑造了无数美丽的景观。

巴塞罗那的诺坎普球场是全欧洲最大、全世界第二大的球场，可容纳的观众人数达到惊人的 99,354 人。这里是世界顶级豪门球队巴塞罗那足球俱乐部的主场，也是巴塞罗那足球迷的"朝圣"之地。

2000 年 10 月 2 日，雷克萨奇总监回到了巴塞罗那，于是莱昂内尔被安排去踢一场试训比赛。比赛只进行了一会儿，就被迫中止了：当时负责巴塞罗那青年队训练的胡安·拉奎瓦回忆道，莱昂内尔强得过了头，必须重新分队才行。雷克萨奇总监看了比赛，大为震惊。他后来承认，没等他坐下来，他就看明白了：

> **如果我们不签下这孩子，我们一定会后悔。**

梅西传奇

2000 年 12 月 14 日，赫拉西奥·加吉奥利用一张餐巾纸草拟了一份协议。莱昂内尔的父母和雷克萨奇总监认可了，签约了。

莱昂内尔·梅西要加盟巴塞罗那俱乐部了！他进行生长激素治疗的费用，巴塞罗那全包了。

于是，一切问题迎刃而解。

2001 年 1 月 8 日，巴塞罗那俱乐部最终确定了与梅西签约的细节，7 日后正式发出官方书信邀请梅西成为他们的一员；2 月，梅西全家搬来了巴塞罗那；3 月 6 日，他拿到了临时执照。

到 2019 年 12 月，本书作者去到巴塞罗那拉玛西亚训练营时，这张执照的相片依然挂在巴塞罗那拉玛西亚训练营进门的墙上。

拿到执照的次日，莱昂内尔·梅西随巴塞罗那少年队出赛，身披9号球衣，对阵安波斯塔，进了一球。

但在下一场比赛中，他就因左腓骨骨折，被迫休息了3个月。父亲得知莱昂内尔的伤情后，问他是否要离开巴塞罗那，回故乡罗萨里奥休养。莱昂内尔回答说："留下。"

虽然一开始就经历了伤病的折磨，但他爱上了巴塞罗那俱乐部，也爱上了拉玛西亚。

传奇开始了。

巴塞罗那足球俱乐部的创建，源自一位名叫汉斯·甘伯的瑞士企业家。甘伯少年时效力过瑞士俱乐部巴塞尔，退役后从商。他因工作关系定居巴塞罗那，在这里，他积极推动足球运动，并最终决定成立一家俱乐部。甘伯身边逐渐聚集了一些有同样志向的人，他们对足球运动都充满兴趣，尽管这项运动在当时并不被大多数人所了解。1899年10月，甘伯在杂志上投放了一则广告，希望找到志同道合的球员来成立一支球队。终于，在1899年11月29日，创建巴塞罗那足球俱乐部的梦想变成现实。甘伯曾效力过的巴塞尔俱乐部的球衣，由深红色与蓝色构成，于是在巴塞罗那，他将这两种颜色对调，就此形成了巴塞罗那俱乐部的创始球衣。

20世纪20年代，巴塞罗那俱乐部——昵称为巴萨——成了加泰罗尼亚人民的至爱。

1925年6月14日，在巴塞罗那主场举办的一场比赛中，赛前奏西班牙国歌时，球迷们曾做出嘲讽的行为，之后甘伯和他的管理层受到里维拉专政政权的制裁，被政府勒令关闭主场6个月，作为球队主席的甘伯也被强迫下台。甘伯被驱逐出西班牙，被迫与他深爱的球队永久告别。5年后，甘伯自尽。许多媒体相信，此事是为巴萨与西班牙首都王牌球队皇家马德里矛盾之起源。1936年，西班牙内战爆发，巴萨主席约瑟普·索诺尔被西班牙后来的国家元首弗朗西斯科·佛朗哥秘密处决。

从此，巴萨和当时作为马德里代表的皇家马德里队，展开了漫长的恩怨纠葛。每年皇马对巴萨的比赛，被称为国家德比。当然，在20世纪的足球世界，皇家马德里要比巴萨更为成功——直到1973年，巴萨才迎来转机。

这里的故事，又略微复杂一些。

之前的1965年，荷兰的里努斯·米歇尔斯教练在荷兰甲级联赛劲旅阿贾克斯队担任主帅。当时世界足球还流行424阵型，而米歇尔斯教练推行了更为均衡且明快流畅的433阵型，以及所谓"全攻全守"打法。

不同于当时盛行的攻防分工，这套全攻全守的足球体系，要求场上的所有队员融合为整体，保持严谨的阵型，每个队员都要同时承担进攻和防守任务。这个体系极为理想化，却是现代足球战术的里程碑。

气氛火爆的
西班牙国家
德比

梅西传奇

米歇尔斯在阿贾克斯时，麾下有荷兰巨星约翰·克鲁伊夫。他技术全面，速度飞快，号称"荷兰飞人"，发明过优美的"克鲁伊夫转身"，但与此同时，他又务实、全面，被认为是个完美的球场指挥官。他是个得分手，是个组织者，是场上的定海神针。他的球感、速度、视野、射门技术都极为有名，但他从来不倚赖这些。克鲁伊夫自己说过：

> **"** 所谓球技，不是玩一千次杂耍，那玩意练练就会；玩那个还不如去马戏团呢。好的技术是一脚传球，用正确的速度，传向正确的队友。**"**

后来的荷兰传奇中锋马可·范巴斯滕认为，克鲁伊夫 20 岁时，技术已臻于完美，无心再追求花里胡哨的个人技巧，所以他更热衷于研究球场整体战术。

以主力身份帮助英格兰队夺取 1966 年世界杯冠军的王牌名将博比·查尔顿认为，克鲁伊夫"极为聪明，他可以用球玩魔术，却从不炫耀，他只在意如何让身边的队友踢得更好，发挥长处"。

与米歇尔斯教练合力，克鲁伊夫在为阿贾克斯效力的 9 年时间里，239 场比赛打进 190 球，带队拿下 6 届荷兰甲级联赛冠军；1971—1973 年，更实现欧洲冠军杯三连冠的战绩。

1973 年，米歇尔斯与克鲁伊夫——连带他们的全攻全守足球哲学——

一起转投巴塞罗那，轻松拿下西甲冠军。1974年世界杯中，米歇尔斯执教荷兰国家队，克鲁伊夫带队直杀到世界杯决赛，对阵西德，并开场获得点球，1比0领先。荷兰队以1比0领先的时刻，可以说是米歇尔斯教练与克鲁伊夫的巅峰时刻。所有人都看到了：荷兰人在开场一分钟的时间里快速传球，全队节奏和谐地奔跑，克鲁伊夫突破，制造点球。而西德队在荷兰队的从容和潇洒面前无能为力。但之后，东道主西德队依靠着他们顽强的意志，在和荷兰队反复周旋之后，以2比1的比分解决了比赛。那也是克鲁伊夫与他的对手——德国的"自由人"弗朗茨·贝肯鲍尔的巅峰对决。这两人堪称20世纪70年代极伟大的球员，也普遍被认为是20世纪极伟大的欧洲球员。实际上，1971—1976年的6座金球奖奖杯里，他们两人包揽了5座（克鲁伊夫3座，贝肯鲍尔2座）。

克鲁伊夫和贝肯鲍尔

也就是在克鲁伊夫到了巴萨之后，巴萨开始琢磨拉玛西亚的事。

很长一段时间，巴塞罗那俱乐部没有什么地方收孩子们踢球。从西班牙全国来到巴塞罗那的孩子，包括巴塞罗那本地的孩子，都只能到处找地方住。于是俱乐部开始谋划建一所足球学校。到1979年10月20日，巴萨俱乐部开设了一个机构：拉玛西亚——La Masia，直译过来就是"农舍"。当天来致辞的巴萨主席约瑟普·努涅斯如是说：

> **"拉玛西亚的目标是，将那些离家而来，立志成为运动员的孩子，培养成聪明、有文化又有个性的人。"**

从一开始，这就不只是一个教孩子踢球的地方。在最初的拉玛西亚，惯例是每天7小时上课，3小时踢球，6小时自由活动，8小时睡觉。

拉玛西亚建立前10年，来了超过500个孩子。有两位关键人物起了重大作用。

一位是奥里奥尔·托特。

他老人家负责球探工作，也连带影响拉玛西亚的青少年指导。据说他巅峰期一天赶15—20场比赛，挑选合适的孩子。据说他挑选球员时，不多观察他们的缺点，而着意于优点。他的选人眼光如此卓越，以至于2010年，西班牙国家队在世界杯中夺冠后，主帅文森特·博斯克说：

"我确定巴萨球迷乐意听到我这个皇马球迷这么说：奥里奥尔·托

特是这一切辉煌的播种者。"

而另一位就是巴萨的教父——约翰·克鲁伊夫。

虽然米歇尔斯与克鲁伊夫未能获得 1974 年世界杯冠军，但克鲁伊夫从此成了"全攻全守"足球战术的传承者。相对于巴西足球更依靠个人天赋技巧的华丽踢法，意大利足球相对保守的防守反击，德国足球组织严密、追求效率的沉稳风格，英格兰足球注重速度和身体的直截了当，以米歇尔斯为开山始祖的荷兰足球的全攻全守战术，显然更理想主义。这种依靠全队在跑动中完成进攻与防守，牵一发而动全身的整体足球风格，是一种非常理想化的状态，对于队员的技术要求极高。

1988 年，克鲁伊夫担任了巴萨队主教练，打造出一支强大的球队。1990 年，他的宿敌贝肯鲍尔作为主帅带领西德队拿下了世界杯冠军。而克鲁伊夫在巴萨拿到了 1991—1994 年的西甲四连冠，以及 1992 年欧洲冠军联赛冠军——这支巴萨队被称为"梦之队"。

不只拥有卓越的战绩，克鲁伊夫更将自己的足球哲学传给了拉玛西亚。在克鲁伊夫的思想里，拉玛西亚对巴萨的战术应该自上而下地一以贯之。如此，从拉玛西亚出来的孩子，从一开始就懂得如何踢正确的足球。拉玛西亚与巴萨，成了一条打造球星的流水线。

什么是正确的足球呢?

在克鲁伊夫看来,便是:高防守线,球员间距拉近,人人"阅读"比赛,参与传接;一脚出球,大量控球,寻机推进,前场自由传切。快速推进,不假思索,将传切跑动融入本能。

最理想的状况是:以攻代守——依靠高质量的控球,剥夺对方的控球机会。

克鲁伊夫如何将这一切引进拉玛西亚呢?

他将阿贾克斯式的343(后来是433)全攻全守阵型引入了巴萨。从此,这成了巴萨的御用阵型。各级青年队都该这么踢球。

他将许多观念,比如全攻全守、传切球权、空间保持等,熔铸成了拉玛西亚的灵魂。

他要求守门员多用脚踢球,也要参与传接配合;后卫要参与进攻传切,前锋也要参与防守施压。

他甚至教育巴萨球迷:回传和横传不意味着踢球保守;优秀的进攻足球,并不是一味向前。

他要求,孩子们不该是各自孤立的队员,他们就该是彼此传球的团体。

他认为一切训练都应结合足球,一味地练体能、练冲刺没有意义。

如果踢得好,队员就该不论资历地获得晋升。拉玛西亚的孩子们应该意识到,他们只要踢得好,就能进巴萨一线队。

所以我们也能理解了:2000年,当拉玛西亚的老教练们看到140厘米高的莱昂内尔·梅西时,毫不在意他的矮小瘦弱,而更在意他是个天才。

他个子不高，不够强壮。没关系。

"拉玛西亚的目标是，将那些离家而来，立志成为运动员的孩子，培养成聪明、有文化又有个性的人。"

一代接一代的传承，就是这样完成的。

03.幼狮的成长

　　2001—2002 赛季，伤情恢复后，莱昂内尔·梅西先为巴萨 U16B 队比赛，10 场进 9 球。他遇到的教练是蒂托·比拉诺瓦。同届队友有塞斯克·法布雷加斯与赫拉德·皮克，后者多年后回忆往昔时，说刚进球队的莱昂内尔"个子很小，几乎不说话，没人能想象他训练时会怎么对付我们"。

　　梅西则在多年后回忆起当时的比拉诺瓦教练：

　　"蒂托是第一个信赖我的教练，那时我是个替补，没比赛可踢，他提拔我成为巴萨 16 岁以下球队的首发球员。"

　　2002 年 2 月，莱昂内尔加入了西班牙皇家足球联合会（RFEF），可以为巴萨踢正式比赛了。此前他只能踢友谊赛，

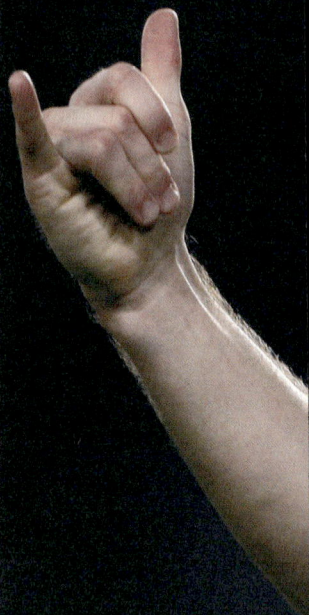

但这不妨碍他所向无敌。与此同时，他的生长激素治疗很成功。

2002—2003赛季，梅西得到U16A队教练阿莱克斯·加西亚的青睐，一年踢了31场比赛，进了38球。

那年的加泰罗尼亚杯决赛，是传说中所谓的"面具之战"。此前一周，梅西颧骨骨折。俱乐部要求他必须戴塑料面具保护住伤处，才能出战。

大梅西9岁，当时已经在巴萨一线队效力的后卫卡莱斯·普约尔送了梅西一个面具，于是梅西得以出战了。被面具遮盖，他踢得不舒服。比赛中途，梅西愤然扔掉面具，连进两球，让巴萨U16A队以4比1的比分战胜同城死敌西班牙人队。

他平时谦谨、低调、安静、聪慧，球踢得无私且有团队精神。但在需要展现血性时，他又强硬而果决。
像一只狮子。

到2002—2003赛季结束时，年满16岁的梅西收到了第一封海外邀请函——来自当时的英格兰超级联赛劲旅阿森纳队，阿森纳的当家人阿瑟·温格拥有足球史上顶尖的慧眼，善于发掘年轻人，他觉得梅西是个可造之才。

但梅西没去。他的同龄队友法布雷加斯与皮克去了英格兰，而他留在了巴塞罗那。

　　　　　　　　　　　　　　　　　　　　　　　　梅西传奇

梅西与法布雷加斯

这个决定也让梅西赶上了巴塞罗那的队史转折点。

话说2003年夏天，巴塞罗那队主席胡安·加斯帕特任期结束。那几年，巴萨身处起伏之中：

1997年，他们招来了荷兰名帅路易斯·范加尔，于是1998年与1999年，巴萨连获联赛冠军，球队的巴西巨星10号里瓦尔多，更由此获得1999年金球奖和世界足球先生。范加尔大量引进荷兰球员，从后场的菲利普·科库到前锋帕特里克·克鲁伊维特，清一色荷兰人，被称为"荷兰班底"。巴萨一度所向无敌。

但2000年联赛输给拉科鲁尼亚之后，范加尔辞职。当年夏天，球队以当时创世界纪录的高价，将球队的葡萄牙王牌路易斯·菲戈卖给了死敌皇家马德里，当年菲戈更获得年度金球奖，让巴萨球迷大为恼怒。2002年，球队更送走了10号核心里瓦尔多。

此时的巴萨，没有一个著名的球星。而2002年夏天，皇家马德里刚由齐达内带领，与菲戈联手拿下了欧洲冠军联赛冠军。

2003年，巴萨新主席胡安·拉波尔塔上任。他是个加泰罗尼亚律师，时年41岁。他为巴萨招来了新主帅：前荷兰巨星、荷兰三剑客之一弗兰克·里杰卡尔德——在球员生涯里，里杰卡尔德是足球史上最全能的中场球员。

与此同时，也许是为了补偿球迷失去球队10号里瓦尔多的心痛，也许是为了和皇马当时所谓"银河战舰"的球星策略抗争，巴萨从巴黎圣日耳曼队买来了一名新10号——2002年夏天，与里瓦尔多并肩作战，为巴西拿下世界杯冠军立下大功的天才精灵罗纳尔迪尼奥（昵称小罗）。

天才精灵——罗纳尔迪尼奥

　　小罗 1980 年生于巴西阿雷格里港，从 8 岁开始展现足球天赋。也就
是在这一年，即 1988 年，小罗的父亲若奥溺亡于泳池。不难想象，骤然

失去父亲之后，足球对 8 岁的小罗而言，成了唯一的寄托。他踢五人制足球和沙滩足球，后来才涉足正规足球。所以在正式踢球时，他已经练会了一身华丽花哨的技艺。他性格开朗，喜欢微笑。13 岁那年，在当地的一场少年队之间的比赛中，他带队踢出 23 比 0 的比分——所有 23 个进球都是他一个人搞定的。

1999 年，他代表巴西格雷米奥队对阵巴西国际。对面是 1994 年世界杯冠军巴西国家队的队长，巴西的国家英雄邓加。小罗先穿裆射门，再使出华丽的牛尾巴招式——快速拉球变向——晃过邓加，再用挑球过人耍弄邓加。对巴西人而言，这是他们的风格。

2001 年，小罗签约法国的巴黎圣日耳曼。2002 年夏天，他与里瓦尔多、罗纳尔多构成巴西国家队攻击线，史称 3R。在韩日世界杯上，巴西队七战七胜，拿下世界冠军。罗纳尔多进 8 球，里瓦尔多进 5 球。小罗进了 2 球，助攻 2 次。对英格兰之战，小罗先个人盘带突破，给里瓦尔多创造了推远角得分的机会，再自己一个异想天开的近 40 米远的吊门任意球得分，戏耍了英格兰老门将大卫·希曼。

这就是典型的小罗了：

你给他自由，
他给你无中生有创造一切。
他是个天才，
但是个欢乐却浪荡的天才。

许多巴黎媒体说，小罗经常彻夜不眠，通宵闹腾后睡一会儿，有时睡过了，错过了训练，然后浑浑噩噩地上场踢球。

听起来荒唐。但有过通宵不愿入睡经历的人，大概都不难理解那种不想关灯、不想独自留在黑暗里的感觉——毕竟，小罗是个8岁就失去父亲的孩子。

2003年夏天，巴萨买小罗时，还有个打算。巴萨的宿敌皇马，当时组起了所谓"银河战舰"的球队：

他们在2000年以世界第一身价买下菲戈，2001年又以新的创纪录身价买下了法国巨星——带领法国队拿下1998年世界杯和2000年欧洲杯冠军的齐内丁·齐达内。2002年夏天，齐达内以一记天外飞仙的凌空左脚射门，让皇马拿下了欧洲冠军联赛冠军。当年夏天，皇马立刻又买下了刚带领巴西拿下2002年世界杯冠军的罗纳尔多。2003年夏天，皇马正在追求当时全世界商业身价最高的英格兰巨星大卫·贝克汉姆。而巴萨这里却陆续失去了菲戈和里瓦尔多两位金球奖巨星。此时，无论战绩还是球队实力，巴萨都处在黑暗期。

新任主席拉波尔塔事后承认："我们必须买个巨星，要么贝克汉姆，要么亨利（当时的英格兰超级联赛第一人，阿森纳的法国巨星埃里·亨利），要么小罗。"

最后贝克汉姆去皇马穿了23号球衣，巴萨买了小罗。

小罗到来的效果立竿见影。2003年9月3日，巴塞罗那主场迎战塞维利亚。小罗接到守门员维克托·巴尔德斯的手抛球，盘过对方两名球员，

30 米外一记远射得分。这一球立刻让巴萨赢得了诺坎普球迷的心。小罗给了他们需要的一切：个人能力、观赏性、激情与想象力。

2003—2004 赛季，梅西很忙碌：他为 U19B 队踢了 3 场球后，就进了 U19A 队，19 场进了 29 球。2003 年 10 月 26 日，他在一场青年级别的比赛中独进 4 球后，巴萨一线队都听说了他这个天才。11 月 13 日，梅西得到了一线队的征召令。2 天后，他跟着巴萨一线队飞去客场，对阵葡萄牙的波尔图。

跟他同队的，还有两个出自拉玛西亚的学长：大他 7 岁、1980 年生的哈维·埃尔南德斯·克鲁兹，以及大他 3 岁的安德雷斯·伊涅斯塔。

这 3 个身高都在 170 厘米左右的少年，当时并不知道他们将来会创造出何等独特的足球风格。

哈维、伊涅斯塔和梅西

梅西传奇

2003 年 11 月 16 日，巴萨对阵波尔图，16 岁的梅西在第 75 分钟出场，替下费尔南多·纳瓦罗。这是他首次为巴塞罗那一线队出战。巴萨最后以 0 比 2 的比分败北。

那年的波尔图将在稍后拿下 2004 年欧洲冠军联赛冠军。波尔图当时的主教练是曾经在巴塞罗那工作过的葡萄牙人何塞·穆里尼奥。

当时梅西和穆里尼奥也都不知道他们将在彼此的生命中扮演怎样的角色。

这一年，梅西就这样上上下下，为巴萨各级球队踢比赛。U19B 队，U19A 队，巴萨 C 队，巴萨 B 队，来来回回。代表巴萨 C 队踢国王杯的比赛时，他面对塞维利亚独进 4 球，其中 3 球是 8 分钟内完成的——对方的后卫，则是此后将与他常年为敌的塞尔吉奥·拉莫斯。

这一年，梅西为 U19B 队踢了 3 场进 1 球，为 U19A 队踢了 19 场进 29 球，为巴萨 C 队踢了 10 场进 5 球，为巴萨 B 队踢了 5 场。

那时的巴萨，还没有组起后来的体系框架。于是巴萨一线队踢联赛时，给了小罗无限的自由，让他尽情玩耍。2004 年 2 月 8 日，巴萨对阵奥萨苏纳，小罗一个挑球过人后得分，再次技惊四座。这一年，他因伤错过了几场联赛，但依然为球队射进了 15 个联赛入球。加上阿根廷小将哈维尔·萨维奥拉的 14 个进球，巴萨最后拿了 2003—2004 赛季西甲亚军。值得一提的是，这一年的国家德比，小罗助攻哈维打进制胜球，巴萨 7 年来第一次在伯纳乌球场，在马德里球迷面前，击败皇家马德里。

后来哈维说，那是巴萨升起的时刻。

　　　　　　　　　　　　　　　　　　　　　梅西传奇

2004 年的年度金球奖归了意大利 AC 米兰的乌克兰前锋安德烈·舍甫琴科，但小罗稍后当选国际足联评选的 2004 年度世界足球先生。按说这一年巴萨只列西甲第二，也谈不到有其他荣耀，但小罗依靠自己的惊人魅力，获得了众人的喜爱。后卫普约尔说小罗的话很明白：

**" 小罗让我们
　 重新微笑起来了。"**

小罗可以打任何位置，尤其喜欢踢 10 号，但里杰卡尔德让擅长用右脚的小罗踢 433 阵型中的左边锋。如此，小罗可以在左路拿球，向球门内切，用他的右脚直接威胁球门。他能传能带，能以任何部位华丽地触球。

值得一提的是，此前许多巴西球星都在欧洲待过，但并不都能取得成功。毕竟大多数巴西球星都过于华丽，而欧洲足球更重视整体，更明快简洁。但小罗的妙处在于：他比一般的巴西球星更大开大合、华丽多变。他的柔韧性和协调性太好，而且依靠球感，可以用身体各部位随心所欲地触球。小罗的灵巧、敏捷、瞬间反应和身体的联动，是足球史上罕见的。他、"外星人"罗纳尔多以及后来的卡卡，这三位在欧洲大获成功的巴西巨星，都擅长在高速行进中处理球。

很多年后，巴西传奇巨星托斯唐说："小罗拥有里维利诺的盘带技巧，格尔森的视野，加林查的精神与快乐，扎津霍和罗纳尔多的技术与力量，济科的技艺，以及罗马里奥的创造力。最重要的是，他让你微笑。"他提到的所有名字，都是巴西足球史上的传奇。

就这样，2003—2004赛季，小罗让巴萨完成了复兴。与此同时，球队从青年队提拔了19岁的中场球员安德雷斯·伊涅斯塔和21岁的守门员维克托·巴尔德斯。

这是23岁的哈维和19岁的伊涅斯塔，两个拉玛西亚门徒，第一次并肩为巴萨一线队出战。

2004年夏天，巴萨继续更新换代：他们从2004年欧冠冠军波尔图队招来了葡萄牙中场核心德科。

1977年出生的德科时年27岁。他全面又聪慧，拥有惊人的视野，可以踢中场的任何位置。他体能无限，又能组织球队。本书作者于2016年有幸采访德科，他承认：他在波尔图拿下2004年欧冠时，踢的是10号位（前腰组织核心）；到巴萨后，他必须踢得更像8号（中前卫）。他说自己刚到巴萨时，和里杰卡尔德教练有过一次私下谈话，决定做一个位置调整。因为前方的小罗需要自由。

"小罗是天才，你必须给他自由。"

德科这位技术全面的"万金油"中场，加上巴萨已经拥有的短传大师哈维，立刻就构成了完美组合，被巴萨教父克鲁伊夫认为是"球队最重要的轴心"。

小罗与埃托奥

　　与此同时，巴萨从西班牙马洛卡买来了23岁的喀麦隆黑豹萨缪埃尔·埃托奥，从摩纳哥买来了法国边锋卢多维奇·久利，加上小罗，一起构成了巴萨的三叉戟：

小罗左路，埃托奥中路，久利右路。

梅西和小罗击掌庆祝

梅西传奇

但这个组合，很快就要迎来冲击。

久利是球队的右边锋，但他初到巴萨参加训练时，被刚满 17 岁的莱昂内尔·梅西震惊了。当梅西与巴萨一线队训练时，久利如是说：

"这孩子在训练时把我们都摧毁了……一线队的球员们把他踢得东倒西歪、满场倒地，以免被他盘带晃过羞辱，但他就爬起身来，继续踢球。他会在训练中盘过 4 个人，进球得分。连一线队的后卫都紧张得很。他就是个外星人。"

更直接的赞美，来自巴萨当时的 10 号，史上技术极优美的球员之一小罗。出于天才们的惺惺惜惺惺，小罗在目睹梅西首次随一线队训练后，就说这个小他 7 岁的孩子"会成为比我更好的球员"。

那时小罗刚成为世界足球先生，却如此高调地赞美一个还没进巴萨一线队的孩子。

小罗很快和梅西成了朋友。许多人相信，是小罗为首的一线队诸将，促成了梅西被一线队的认可。毕竟在教练们眼里，梅西当时还年轻，身材矮小，不够强壮，他们虽深知梅西的天才，但还是小心翼翼。

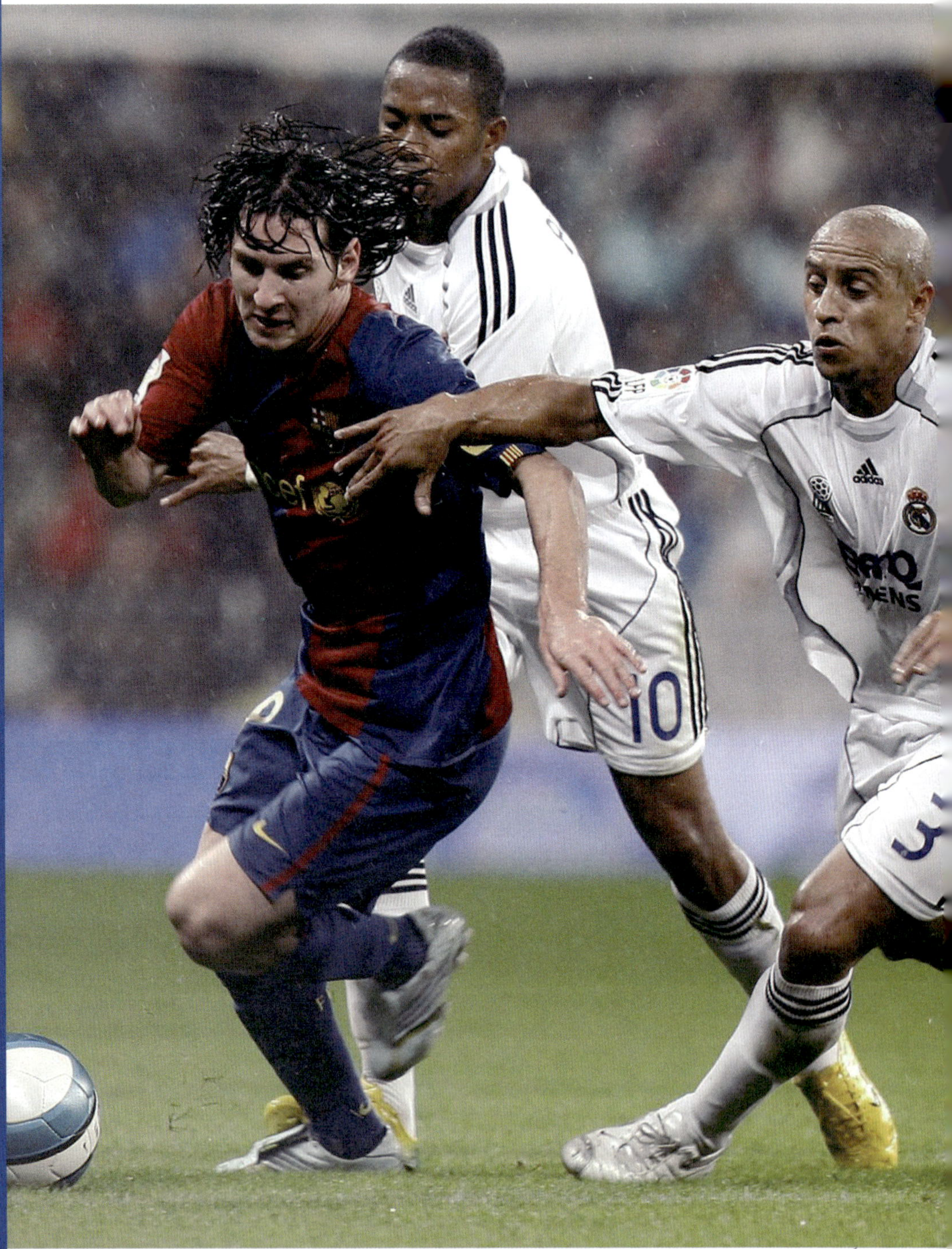

04. "我用了17年114天，才完成了一夜成名。"

2004—2005赛季，梅西经常随巴萨B队征战，一线队的老将们目睹他的天才，纷纷建议主教练里杰卡尔德赶快召用他。

里杰卡尔德动了点心思。梅西是左脚将，本来踢左路，但当时巴萨踢左路的是球队王牌小罗。于是里杰卡尔德决定如此定位梅西："你去踢右路吧，这样可以带球内切，方便用左脚直接射门！"

传统的边路球员，任务是突破和传中。所以如传统442阵型的两边路，往往是左脚将踢左路，右脚将踢右路。边路到底，方便传中，由突前的双前锋来接应传球，射门得分。

但20世纪末，随着越来越多的球队采取双后腰打法，传统进攻型中场——前腰——日渐式微，球队进攻组织者往往便成了假边锋：他们到边路带球，斜向中路渗透，有机会便突破威胁球门。比如小罗便是其中典范。也就是说，21世纪初的边锋，除了传统的下底传中型——左脚将踢左路，右脚将踢右路——也可以选择逆足内切：左脚将踢右路，右脚将踢左路，放弃传中，而选择直接内切射门。

里杰卡尔德在小罗身上看到了这种模式的成功，于是决定让右脚将小罗踢左路，左脚将梅西踢右路：别想着传中了，让两位南美天才发挥突破能力，起飞吧！

2004年10月16日，身披30号球衣的莱昂内尔·梅西代表巴萨一线队，踢了生平第一场正式的西班牙甲级联赛，对阵同城劲旅西班牙人队。第82分钟，他替补德科上场，当时他17岁3个月零22天，打破了巴萨队史上最年轻出场球员的纪录。

当然有人谈论说，梅西年纪轻轻，运气很好，一夜成名。后来在一则广告中，梅西如是说：

> **" 我起早贪黑地训练，我用了17年114天，才完成了一夜成名。"**

整个赛季，他为一线队踢了9场比赛，共出赛77分钟。2004—2005赛季，他为球队初次出战欧洲冠军联赛，对手是乌克兰顿涅茨克矿工队。

如他所言，他虽然登上最高舞台，但并非一夜成名。球队在慢慢地熟悉他，他也在努力地、勤勉地、一步一步地接近他的理想。

2005 年 5 月 1 日，在巴萨对阵阿尔巴塞特的比赛中，小罗右路突破到禁区前沿，一个轻盈的挑传穿越对方防守；梅西中路插上，停球，略等，待对方守门员扑出，一个轻巧的左脚挑射，掠过门将进球。

但这一球被判越位。

上半场补时阶段，前场的梅西接到后场传球，拿稳，回传给跟上的小罗；小罗又一个挑传穿越防线，在与第一个越位球差不多的位置，梅西冷静地挑射破门——与第一个进球几乎一模一样，但这一次，裁判没再来搅局。进球有效。

小罗背起梅西，欢然庆祝。那时谁都想不到，这只是梅西职业生涯中数百个进球的开始。这是梅西为巴萨成年队射进的第一球，他就此成为巴萨队史上最年轻的进球者。

这个进球，也体现了梅西所有的特点：灵巧、聪慧、轻盈，团队协作能力强，举重若轻，游刃有余。

虽然出赛不多，但 2004—2005 赛季，梅西仿佛为巴萨带来了好运：这一赛季，巴萨拿下近 6 年来第一个西甲冠军。

如此，梅西初出茅庐，就拿到了一个西甲冠军。

与此同时，小罗这一年也表现卓越。他在 2004 年 12 月领取了当年的世界足球先生奖，又在 2005 年 3 月巴萨对切尔西的欧冠比赛中表现出色。虽然巴萨最后以总比分 4 比 5 被淘汰，但 3 月 8 日，小罗在切尔西主场斯坦福桥射进神奇的一球：他在禁区前做出一个射门假动作后略加扭动，然后，就在原地，没有助跑发力，一记妖异的射门，让切尔西的捷克守门员彼得·切赫无可奈何。

小罗背起梅西庆祝

梅西传奇

后来小罗如此回忆：

> **"** 就像有人按了 3 秒钟暂停键，所有人都凝固了，只有我在动。**"**

2005 年 6 月 24 日，梅西年满 18 岁。他与巴萨签下了一份 2010 年到期的合同，买断金额达到了 1.5 亿欧元。2 个月后的 2005 年 8 月 24 日，巴塞罗那季前赛的甘伯杯比赛中，梅西作为巴塞罗那的首发球员，表现卓越，获得了诺坎普全场球迷的掌声。

那场的对手是意大利的尤文图斯，主教练乃是成名老帅法比奥·卡佩罗。目睹梅西的卓越表现，卡佩罗想让尤文图斯租借梅西，而意大利的另一支劲旅国际米兰更直白：他们想直接付 1.5 亿欧元买下梅西，并给他 3 倍工资。

但梅西选择留在巴萨。为了避免再被人挖墙脚，巴萨当时的主席胡安·拉波尔塔时隔不到 3 个月，就急不可耐地更新了合同：9 月 16 日，梅西的合同再次更新，延长到了 2014 年。这意味着："别想买走梅西！"

足球界眼光最敏锐的人，都开始意识到梅西的与众不同了。

巴萨也知道，天才的光芒捂不住了。

保护使用了一年，队内人人都知道梅西的天分，那就让他绽放吧。

2005—2006 赛季开始了，梅西代替当初欣赏他的法国边锋久利，站上了巴萨右翼的首发位置。右翼的他、左翼的小罗和中路的埃托奥，组成了巴萨的三叉戟。

04 _____ "我用了 17 年 114 天，才完成了一夜成名。"

071

2005 年 11 月 2 日，梅西在巴萨对阵希腊帕纳辛纳科斯队一战中，射入了自己的第一个欧冠联赛入球。2005 年 11 月 19 日，他首次出战国家德比——代表巴塞罗那对战皇家马德里。能在这类剑拔弩张的大比赛中首发，意味着他已经是球队的核心成员之一了，被允许登上最大的舞台了。

在那场比赛中，梅西助攻埃托奥首开纪录，让巴萨获得 1 比 0 的领先，最后巴萨 3 比 0 赢球。

拥有了梅西，巴萨真的在走好运呢。

整个 2005—2006 赛季，梅西合计为巴萨出战 25 场比赛，射入了 8 球。数据很难体现他的杰出。2006 年年初，获得 2005 年金球奖，被认为是当世最好的球员的小罗感叹道："我甚至不是巴萨最好的球员（暗指梅西才是）。"

而远在阿根廷的传奇马拉多纳，则迫不及待地张开大嘴，说梅西"已经是当下世上最好的球员了"。

马拉多纳说得很恳切："我已经看到可以继承我的球员了，那就是梅西。他跟我是一个类型的球员。他是个领袖，他踢着美妙的足球，他和其他球员都不一样。"

但噩运随之到来。2006 年 3 月，在巴萨对阵切尔西的欧冠联赛第二场比赛中，由于切尔西的凶猛踢法，梅西脚筋撕裂，赛季提前结束了。

他之后对天空体育承认道："我从没想过自己会这么说，但我讨厌切尔西甚于皇家马德里。我从没见过还有比阿根廷国内的博卡与河床这样的宿敌对战更惨烈的比赛。我更乐意与阿森纳、曼联或其他球队对决，

天才的光芒

梅西和马拉多纳

我不想遇到切尔西（这样对抗粗野的球队）。"

很巧的是，2006年这支刚劲强悍的切尔西队，其主帅正是葡萄牙人穆里尼奥。仿佛从此时起，梅西和切尔西以及穆里尼奥的因缘开始了。

2006年5月17日，巴萨在欧冠决赛中击败了英格兰的阿森纳，拿下了队史上第二个欧冠冠军。许多巴塞罗那媒体认为，这是继1992年克鲁伊夫那支欧冠巴萨"梦之队"后最伟大的巴萨"梦二队"。

这一年，小罗继续发挥神勇。他的传球让埃托奥整个赛季完成了34个进球。欧冠决赛中，小罗妙传埃托奥进球，自己还让阿森纳的德国守门员延斯·莱曼犯规，被直接罚下。整个赛季，小罗一共射进26球。

梅西努力复健，试图赶在欧冠决赛前复出，但他还是没赶上决赛。

好在这一番努力复健并没有就此白费：他没赶上2006年5月巴萨的欧冠决赛，却赶上了2006年夏天的世界杯，赶上了阿根廷国家队。

梅西2000年已经离开阿根廷，并且有了阿根廷与西班牙双重国籍，所以先前巴萨的雷克萨奇总监早已提醒西班牙皇家足球联合会，"这孩子不可错过"。

梅西传奇

于是自 2003 年开始，西班牙 17 岁以下国家队便频繁敦请梅西为西班牙出赛，但梅西拒绝了。

他自小便梦想作为一个阿根廷人，为阿根廷国家队出赛。

阿根廷国家队为了避免梅西被偷走，于 2004 年 6 月组织了两场 20 岁以下国家队的友谊赛，让梅西出赛，从此确定了其阿根廷球员的身份，西班牙再也夺不走他了。

2004 年 6 月 29 日，梅西 17 岁零 5 天，首次代表阿根廷出战巴拉圭。对手都是 20 岁以下的球员，对他而言过于轻松。他射进一球，送出两个助攻，阿根廷以 8 比 0 的比分获胜。

但那段时间，在巴萨，在阿根廷国家队，梅西都意识到了问题。因为生长激素疗法，梅西体能匮乏。在为阿根廷出战的 9 场比赛里，他有 6 场作为替补登场。

他请了个私人教练，提升自己的肌肉质量。2005 年 6 月，梅西代表阿根廷青年队出战青年世界杯。首战阿根廷 0 比 1 输给美国，梅西没进首发，赛后梅西的队友们恳求主帅弗朗西斯科·费拉罗让梅西首发："他是球队最好的球员！"

就像在巴萨，他的天才光芒根本无法掩盖，总是教练还迟疑不定时，球员们纷纷为他请命。

梅西带领阿根廷队夺
得 2005 年世青赛冠军

PARA
MARI-BRUNO
TOMI-AGUS

于是之后的比赛中，梅西首发了，他带领阿根廷队击败了埃及和德国，小组赛晋级。淘汰赛对阵哥伦比亚，他进球扳平了比分；对阵西班牙，他打进一球，又助攻一次，带球队过关。对阵上届冠军巴西，他首开纪录。

那年决赛对尼日利亚之前，梅西提前被评选为 2005 年青年世界杯最佳球员。决赛对阵尼日利亚，他射进 2 球，阿根廷队由此拿下队史上的第 5 次世青赛冠军。梅西整届杯赛射进 6 球，除了最佳球员外，还当选了最佳射手。

阿根廷人民欣喜若狂。不只是因为获得了冠军，更重要的是：1979 年，也是一个和梅西一样的左脚将小个子，无所不能，盘带如神，带领阿根廷队拿下了世青赛冠军。那就是阿根廷的神——迭戈·马拉多纳。

阿根廷人如饥似渴地寻找马拉多纳的接班人，所以梅西每一次与马拉多纳的身影重合，都让他们倍感欣慰。

2005 年 8 月 17 日，18 岁的梅西首次为阿根廷成年国家队正式出赛，但结果不算好：他第 63 分钟替补出场，只踢了 2 分钟就生气了。对面匈牙利的维尔莫斯·范萨克粗野地拉拽梅西的球衣，梅西试图甩开他，挥肘时击中了对方，裁判认为这是故意肘击，将梅西罚下。梅西委屈至极，在更衣室里哭了出来。

他在巴萨，一向被保护得很好；但这种时刻，他意识到，足球也有不那么美好的部分。

梅西传奇

但他还年轻，情绪发泄过了就好。2005年9月3日，世界杯预选赛中，阿根廷对阵巴拉圭，他又出场了。对阵秘鲁，他首发了。依靠灵敏的突破，梅西为球队获得了关键的点球，确保了球队取胜。赛后，阿根廷主教练何塞·佩克尔曼说梅西是"一颗宝石"。

这颗宝石在阿根廷国家队此后的比赛中熠熠生辉。2006年3月1日，阿根廷对阵克罗地亚的友谊赛中，梅西打进了一球，是为他在国家队的第一个进球。但也就在这个月对切尔西的比赛中，他脚筋撕裂了。好在他积极复健，赶上了2006年夏天的德国世界杯，进了阿根廷国家队的大名单。

但2006年世界杯，梅西不是主角。

阿根廷队的王牌10号，是当世顶尖的组织者，古典风格的代言人罗曼·里克尔梅。很多年后，大家都说里克尔梅是"最后一个古典10号"。他传球精美，大局观出色，是个完美的指挥官。但与此同时，他节奏不快，不算稳定，球队必须围绕他作战，才能发挥实力。

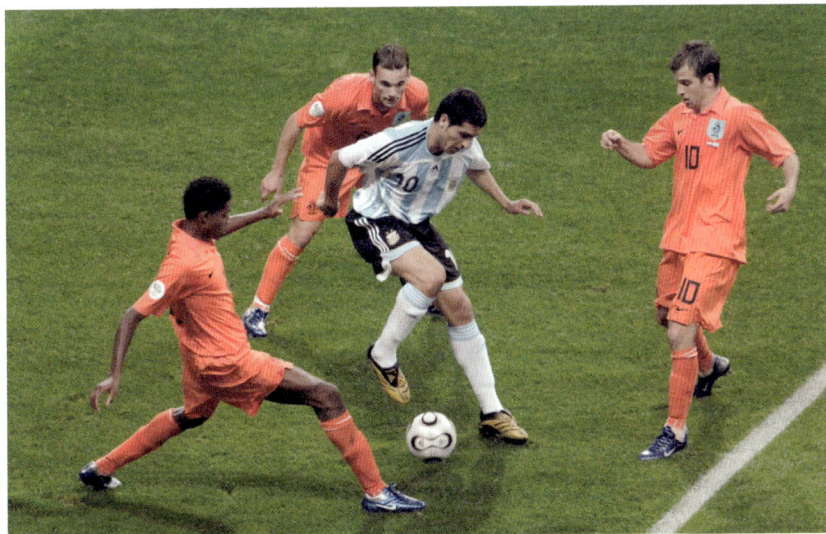

"最后一个古典10号"——里克尔梅

2006年世界杯首战，梅西在替补席上，看国家队的老大哥们击败了科特迪瓦。

对阵塞尔维亚与黑山的第二战，阿根廷队占尽优势，里克尔梅指挥若定，踢出生涯代表作，早早让阿根廷队大比分领先，于是梅西在第74分钟替补出场——那时他还差8天才满19岁，于是成为阿根廷队史上出战世界杯的最年轻球员。

梅西一上场，便助攻老牌射手埃尔南·克雷斯波射进球队第4球。第88分钟，他射入了阿根廷队的第6球，于是成为当届世界杯最年轻的进球者——也是当时世界杯历史上第6年轻的进球者。阿根廷6比0大胜塞黑。

第三战，梅西得以为阿根廷首发，与荷兰对决。双方踢成了0比0。这也是梅西第一次遇到荷兰中场韦斯利·斯内德。有趣的是，荷兰前锋是当时效力于阿森纳的名射手罗宾·范佩西——如果不是梅西错过了2006年欧冠决赛，他俩是有望在比赛中对决的。

1/8决赛，阿根廷对决墨西哥。墨西哥的拉斐尔·马克斯先进一球，阿根廷的克雷斯波追平比分。第84分钟，梅西替补出场，打进一球，但被裁判判为越位。最后阿根廷依靠马克西·罗德里格斯的进球，2比1击败墨西哥，杀进八强。

1/4决赛对阵东道主德国队时，佩克尔曼教练没敢冒险，不让梅西首发。双方大战120分钟不分胜负，点球大战中，阿根廷被德国淘汰。

众所周知，阿根廷与德国宿怨极深：1986年世界杯决赛，阿根廷3比2击败德国夺冠；1990年世界杯，德国击败阿根廷夺冠。2006年世界杯，算是宿怨重现，德国击败阿根廷，梅西结束了自己的第一届世界杯之旅。

他那时并不知道，这只是他与德国队漫长恩怨的开始。

倒是佩克尔曼教练归国后，遭到阿根廷媒体的抨击。媒体深觉佩克尔曼过于保守，没敢大胆任用梅西，没能释放他的全部活力。

大概，许多阿根廷球迷相信：梅西就是马拉多纳再版。

只要释放梅西的能量，就可以制造一切人间奇迹——哪怕他才 19 岁。

2006 年的伤势、复健，以及夏天忙碌的世界杯比赛，似乎影响了梅西的健康。他毕竟是个少年，再怎么才华横溢，终究是被提早放进了残忍的成年人的足球世界。

2006—2007 赛季开始不久，从巴萨 30 号改穿 19 号球衣的梅西，又开始受伤。2006 年 11 月 12 日，他跖骨受伤，3 个月没法动弹。他努力复健，赶上了 2007 年初巴萨对利物浦的欧冠 16 强之战，但巴萨还是被利物浦淘汰了。

梅西是巴萨的幸运星。他受伤时，巴萨似乎也开始走背运，球队表现起伏不定。之前的 2006 年夏天，巴萨买下了 29 岁的意大利后卫吉安卢卡·赞布罗塔和法国老后卫利利安·图拉姆，前者是 2006 年世界冠军意大利的右边后卫，后者是 1998 年世界杯冠军法国的王牌中坚。但球队一口气转走了 5 位西班牙球员，这似乎影响了球队的表现。

结果这一年，巴萨在欧冠中早早被利物浦淘汰，联赛也踢得跌跌撞撞。

而小罗的状态，也开始不稳定起来。

他依然时不时地展现神奇，2006 年 11 月 25 日，他射进了一个自称"我从小就梦想踢进"的球：接到哈维传球，胸口停球挑起，180 度转身射门得分。但早先的 2006 年世界杯，巴西被法国淘汰了：34 岁的齐达内带领法国队击败了拥有罗纳尔多、卡卡、小罗和里瓦尔多四大巨星的巴西，最后法国在世界杯决赛中输给了意大利。因此，2006 年金球奖归了意大利后卫法比奥·卡纳瓦罗。

似乎是因为世界杯失意，也可能因为年纪轻轻就得到了一切——欧冠冠军、世界杯冠军、金球奖、世界足球先生……好像没什么值得他再去争取了——小罗开始沉溺于享乐。他本身是个过于欢乐的少年，喜欢各色场外娱乐，很容易沉迷于声色犬马。到 2006 年，他已经获得过一切了。

那一年的巴萨，随着小罗陷入了起伏不定的状态中。

直到 2007 年春天，复出的梅西成了整个巴塞罗那的慰藉。

2007 年 3 月 10 日，巴萨对阵皇马。虽然那个赛季，皇马拿下了联赛冠军，但梅西在这一战上演了帽子戏法：那是他职业生涯的第一个帽子戏法，而且是在巴萨对皇马这种世纪对决之中，加倍有分量。

妙在那场比赛，皇马进一球，他进一球扳平；皇马再进一球，他再进一球扳平。如是者三，巴萨 3 比 3 战平皇马。

对巴萨球迷而言，这简直是天使降临：皇马夺冠算什么？我们没有输给皇马！我们有梅西！我们有梅西的帽子戏法！

但还没完呢。

2007 年对阵皇马，梅西上演了职业生涯的第一个帽子戏法

2007 年 4 月 18 日，西班牙国王杯半决赛，巴萨对阵赫塔菲。

那时全世界都知道，巴萨右路有个少年，每次拿球，都将使出一连串美妙的盘带，让右边线外的观众血液奔流。全世界都知道，那是个地道的天才：快速、果决，节奏把握得极好，在狭小空间内嗅到最便利的突破路径，然后奔行而去，刺的都是对手最柔弱的穴位。他拥有匪夷所思的一对一魔术式过人技巧，但他却总是选择最直接、最省力的方式。

梅西能做到这个地步，谁都想不到。

比赛第 29 分钟，梅西完成了足球史上卓越的进球之一。他庖丁解牛般游刃有余，在右侧中场两记横拉轻松扣过对手，然后朝禁区一路狂奔，其间又两次扣过对手。面对守门员路易斯·加西亚，梅西又是不经意地一扣，推射空门得分。

狂奔 60 米，晃过 5 名防守者，小角度射门得分。蝴蝶般飞舞，蜜蜂般叮咬。没有一个细节是多余的。除了镜头极度放大后看到他前脚踝的抖动，以及只有赫塔菲后卫才能感觉到的那些微小的假动作，整个进球并没有太过华丽的把戏。运用最简洁、最有效的技艺，靠节奏、速度和变线，游刃有余地干掉对手。

2007 年国王杯首回合对阵赫塔菲，闪转腾挪的梅西

梅西传奇

04 _____ "我用了 17 年 114 天，才完成了一夜成名。"

085

此时梅西的身体经过他的努力锤炼，比起 2005 年世青赛时，已经大为强健。

这一球后来被各种机构评选为 2007 年度最佳进球，被用上各种用于赞赏的词语的最高级来形容它。而对阿根廷人而言，这一球还有另一重意义：从开始到结束，这一球几乎就是 1986 年世界杯 1/4 决赛，马拉多纳代表阿根廷对阵英格兰射进的第二球，即世纪最佳进球的翻版。

所有人都说梅西是马拉多纳的接班人，连马拉多纳都亲自指明了是他。

> 直到这个球一进，阿根廷人相信了：梅西是真要成为马拉多纳接班人了！左脚！差不多的身高！巴萨！10 号！天才！连进球都一模一样！

这个进球，加上梅西在赛季最后 13 场比赛为巴萨射进 11 球，整个赛季 36 场比赛射进 17 球的事实，都让 2007 年春天的巴塞罗那（和阿根廷）球迷相信：虽然这一年巴萨战绩平平，但他们拥有未来。梅西，没满 20 岁的梅西，创造出了马拉多纳级别的奇迹。

以及某种程度上，他真的在超越小罗。

2007 年年底，梅西被选为当年金球奖第三名。当年金球奖得主是 25 岁的巴西天才卡卡，他带领意大利豪门球队 AC 米兰拿到了 2007 年欧冠冠军。票选第二名是 23 岁的葡萄牙明星克里斯蒂亚诺·罗纳尔多，因为曾经的"外星人"罗纳尔多与巴塞罗那巨星小罗的缘故，中国人习惯叫他

C 罗。那时 C 罗在英格兰曼彻斯特联队崭露头角，正在成长为当世最惊人的进球机器。

当年金球奖评选者自然想象不到，这一年金球奖的第二和第三名——C 罗与梅西，将从此开始垄断这个奖项。

且说 2007 年夏天，梅西被阿根廷国家队主帅阿尔菲奥·巴西莱看中，去了 2007 年委内瑞拉美洲杯。首战对美国，梅西送出助攻，阿根廷以 4 比 1 获胜。次战对哥伦比亚，梅西突破制造了点球，南美的老大哥们谁都阻挡不了他，阿根廷以 4 比 2 取胜。对阵秘鲁，他射进第二球，阿根廷以 4 比 0 取胜。半决赛对墨西哥，他一个轻挑射门越过守门员得分，阿根廷以 3 比 0 取胜。

2007 年金球奖评选，卡卡、C 罗和梅西获得前三名

然而，一路顺风顺水来到决赛，阿根廷却被巴西以 3 比 0 击败。

虽然梅西被评为锦标赛最佳年轻球员，但他参加的第一次美洲杯决赛中，阿根廷却被巴西干掉了。

这是他与巴西队漫长对决的开始。

2007 年夏天，阿森纳头号球星，当时英格兰超级联赛史上第一人——法国巨星亨利来到巴塞罗那，加上从摩纳哥来的亚亚·图雷和从里昂来的左后卫埃里克·阿比达尔，巴萨简直要组起一个法国帮。因为梅西的崛起，右边锋久利离开了，而巴萨青年队的天才博扬则被提上了一线队。

可惜这又是个让人失望的赛季。

里杰卡尔德教练似乎已无法驾驭球队，才华横溢的小罗则展现巴西巨星典型的那一面：耽于享乐，发胖，训练出工不出力。2008 年 4 月 3 日，他右腿肌肉撕裂，提前结束赛季。之前两年为巴萨合计踢了 94 场进 50 球的小罗，这个赛季只踢了 26 场，进了 9 球。

当时路透社的西蒙·巴斯克特说：

> **"** 小罗来巴萨时，是一个微笑巫师；他为球队征战了三个辉煌的赛季，但最后留下一个凄凉身影。是他的魔法耗尽了，还是他需要一个新挑战，我们拭目以待。**"**

2008 年夏天，小罗离开了巴萨，去了 AC 米兰。两年后他说，他最好的时光是在巴萨度过的。2014年他更说，没能和梅西做更久的队友，于他而言是一种遗憾。

但也许这就是小罗的命运：他要欢笑，要自在，是个天才。这份欢笑和自在让他戏耍世界，也让他放浪形骸。31岁那年，他离开欧洲，去了巴西弗拉门戈。

对这样的故事，巴塞罗那并不陌生。曾经他们拥有过巴西天才罗马里奥，这位天才前锋1994年带领巴西拿下世界杯冠军，自己成为1994年世界足球先生后，得意忘形，不肯回巴萨训练，在巴西海滩泡妞，还差点被当地帮派殴打。后来他在巴西、西班牙、卡塔尔、美国、澳大利亚踢了14年职业足球，乱七八糟进了300多个球，一辈子浪了个够——这就是一种典型的巴西球星的生活。小罗也是如此。到2013年，小罗几乎以一己之力，带着米内罗竞技队拿下了南美解放者杯冠军——那是后话了。

且说2007—2008赛季，随着小罗的放浪与低迷，梅西日渐成为巴萨的关键球员。

上一个赛季，梅西已经显示了他的能力：右翼拿球后，他可以无限制地过掉对手，随时随地内切威胁球门。他每次拿球，都引起诺坎普球迷的轰鸣之声：在场的人知道，他即将以一连串美妙的盘带和走位来使右边线外的观众血液奔流。

最重要的是，虽然与小罗一样来自南美，但梅西没有其他南美球员的毛病。许多南美天才——小罗也无法例外——都容易沉迷于表演技巧，一旦情绪起来，就表演多过竞技，舞蹈多于进击。

而梅西，也许因为在拉玛西亚待久了，他身上带着克鲁伊夫那种气质：

> 有冠绝天下的技巧，但无心炫耀；比起已臻完美的个人技术，他更在意有大局观的战术。

球场上的梅西快速、果决，节奏感极佳，如蛇一样在狭小空间内嗅到最便利的突破路径，然后奔行而去，刺的都是对手最柔弱的穴位。

每当梅西在右边拿球，即便身处中场，你都不敢眨眼。你必须孜孜不倦且居高临下地为他寻觅一条突破的路线。而最美妙的是，之后的几秒，他会"窜改"你为他想象的路线，画出一条更美妙的突破路线，直蹿禁区右角。

妙在梅西没有沉溺于"过人如麻"的乐趣之中。他匪夷所思的过人技巧和上演世纪进球的奔袭能力，都是在为整个球队的战术服务。他选择的突破路线，他每次过掉一个对手之前选择的角度，过掉一个对手的后续处理——他总能让自己保持在一个最安全、最适于过人的位置；他的动作与动作之间紧凑而快速。

因为不时受伤，2007—2008赛季，梅西为球队出赛了40场，但还是

梅西传奇

进了16球，有13个助攻。他甚至开始为球队操刀主罚点球了——那是球队王牌地位的证明。

但巴萨在2007—2008赛季联赛中只得到第三，欧冠则是半决赛输给了曼联。曼联之后将会拿下2008年欧冠冠军，全赛季为曼联出赛49场，贡献42球、8个助攻的C罗，之后将拿下2008年金球奖——那是C罗转型的重大成功。

克里斯蒂亚诺·罗纳尔多1985年2月5日生于葡萄牙的马德拉岛。其父是个性格孤僻的酗酒者。C罗年少时曾被教师指责："踢足球又没法给你饭吃。"这话让他念念不忘。他曾因心脏问题一度要放弃足球，但做了手术后，他重归健康。16岁那年，他加入了里斯本竞技队。2002年9月底，17岁的他踢了自己第一场葡萄牙顶级联赛。

2003年8月，时年18岁的C罗代表里斯本竞技队，以3比1击败曼联。曼联的主教练，传奇主帅之一亚历克斯·弗格森爵爷一眼看中了C罗，于是果断下手签下C罗，并将贝克汉姆留下的7号球衣给了他。C罗年少时，一如当时典型的葡萄牙边锋：迅速、华丽、冲动，喜欢在边路盘带突破，为此一度和曼联的禁区之王——荷兰射手路德·范尼斯特鲁伊不合。

2006—2007赛季，C罗开始转型。曾经风格如花蝴蝶的他变得更加凶猛。他勤于训练，肌肉明显增加，体格日渐壮硕，耍花活的次数大为减少，冲刺更加积极。弗爵爷也将他调换了位置：他不再拘泥于边路，而是更多地与英格兰前锋韦恩·鲁尼一起担当终结者。当赛季鲁尼和C罗各自全季打进23球，C罗还成了英超助攻王。

2007—2008赛季，弗爵爷的改变更进一步：鲁尼、C罗和阿根廷猛兽卡洛斯·特维斯组成进攻三叉戟，鲁尼是实际的球队支点，C罗减少盘带突破，积极发挥他的无球冲击能力。

结果2007—2008赛季，C罗联赛射进31球，各种比赛合计42球。他年少时拥有华丽的踩单车过人和边路突击技术，但2008年，他发现了自己真正的宿命：真正让他所向无敌的，是冲刺、弹跳、抢点和临门一击。他从一个优秀的突击手，开始向史上最强终结者变化。

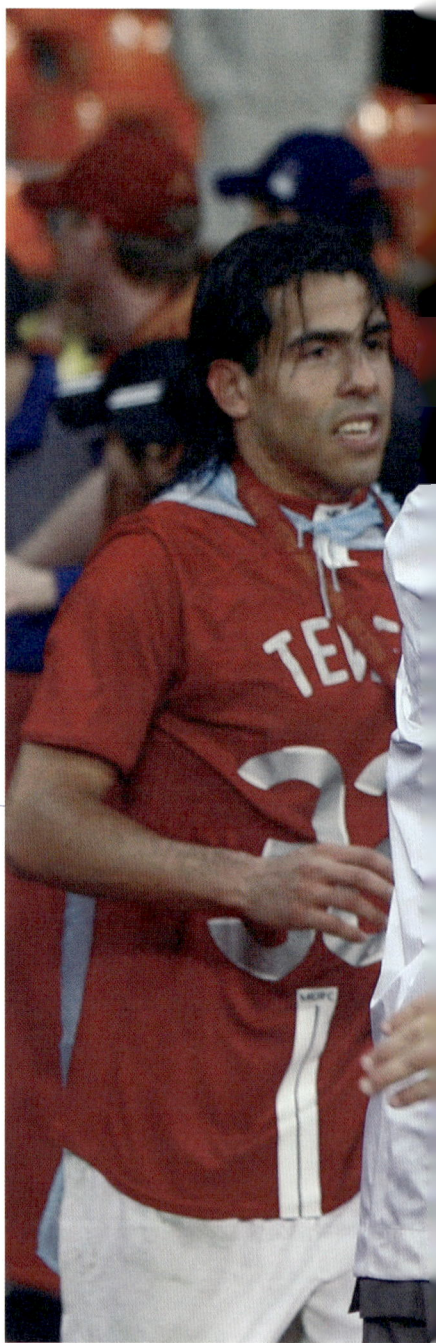

特维斯、弗格森和C罗

梅西传奇

05. 瓜迪奥拉时代开启

2008 年夏天，世界足坛发生了两件大事。

第一件大事是，西班牙国家队拿下了欧洲杯冠军。

这一年，路易斯·阿拉贡内斯教练统领的西班牙国家队，展现了举世无双的传切技术。西班牙国家队中场核心，则是拉玛西亚出品的巴萨三人组：传递之王哈维、绵密精细的伊涅斯塔，以及去了阿森纳却依然保持西班牙队本色的塞斯克·法布雷加斯。欧洲杯后，大赛评选的 23 人最佳阵容中，西班牙队 9 人入选，而最大的成功者是哈维。

之前一向在巴萨低调平和、年已 28 岁的哈维，先前一直以传球手自居。后来他说，"我所做的就是寻找空间，我始终在寻找"。他速度不快，身体不壮，但他能一直传球。

6 年后的 2014 年，职业生涯暮年的哈维自己说："我觉得我一直没有改变，我从年少时就是个传球手，我喜欢传球，小时候在街上，在广场，在学校，我就是喜欢传球。"

但在 2008 年的西班牙队，哈维不只是如以往似的，靠传球完成绵绵密密的组织助攻。阿拉贡内斯教练鼓励他大胆向前，于是欧洲杯半决赛西班牙对俄罗斯，哈维射进了一球。决赛对德国，他助攻西班牙金童费尔南多·托雷斯射入了制胜球。赛后，哈维得到了最佳球员奖，得到了全世界的承认。

欧足联技术委员会老大安迪·洛克斯博格说："我们选择哈维，是因为他完美概括了西班牙的战术风格。他在西班牙所有的持球回合中都

梅西、伊涅斯塔和哈维

作用卓著。"

这是哈维职业生涯的转折点。他和伊涅斯塔将带着这份冠军心气，从西班牙国家队回归巴塞罗那。

第二件大事是，里杰卡尔德卸任了巴萨主帅。而巴萨队史上最卓越的中场指挥官，克鲁伊夫体系里最完美的 4 号——佩普·瓜迪奥拉接任了球队主教练。

与瓜迪奥拉一起到来的，还有从曼联归来的赫拉德·皮克，从塞维利亚来的巴西右后卫阿尔维斯，以及从拉玛西亚提拔上来的 20 岁中场塞尔吉奥·布斯克茨。

至此，布斯克茨、哈维、伊涅斯塔与梅西，终于站到了同一个阵容里。

说到新帅瓜迪奥拉，20 世纪 80 年代末期的某天，我们已提到不止一次的那位体育总监雷克萨奇如此跟克鲁伊夫说："我们拉玛西亚出了个小孩，球踢得很好。"

"他现在在哪儿？"

"在巴萨 19 岁以下队。"

克鲁伊夫质疑说："如果一个小孩踢得好，他干吗在 19 岁以下队？"

"因为他身体不够强壮。"

"把他放到 B 队踢场球，我这周末就去看他。"

克鲁伊夫去看了看，然后安排这个当时踢右中场的球员去担任球队中路指挥官。1990 年，这个少年就进了巴萨一线队；20 岁的年纪，他就成了巴萨梦一队的指挥官。

这个少年就是佩普·瓜迪奥拉。

瓜迪奥拉身材瘦削，不够强壮，速度不快，也没有漂亮的盘带过人技术。但克鲁伊夫喜欢他：他的视野、控球能力、长传能力、位置感都很好，他冷静且聪慧，很符合克鲁伊夫的哲学。他擅长用各种距离的传球控制球队节奏，预判精确，视野宽广，能完美地"阅读"比赛。他是巴萨体系下完美的 4 号位：433 体系中，他踢中场靠后的位置，是球队运转的大脑。这份大局观和聪慧，让他在球员时代成为史上最好的后腰指挥官。

而现在，巴萨决定让退役后的瓜迪奥拉成为球队主教练：毕竟，瓜迪奥拉是最理解巴萨战术体系，最能跟"拉玛西亚出品"一拍即合的人了。

瓜迪奥拉

梅西传奇

尤其是，瓜迪奥拉和哈维还有因缘……早在瓜迪奥拉21岁那年，1991年7月，托特看中了出生于1980年的哈维尔·埃尔南德斯·克雷乌斯（简称哈维），于是哈维来到拉玛西亚。

　　那时的球探报告说，哈维的传球很好，但是他跑步靠脚跟，起步太慢了，得改。

　　他的移动，他的传球，他的冲刺，都在拉玛西亚得到了重塑。哈维后来承认，胡安·维拉教练不停地赞美他如何用传球串联队友，但也不时跟他嚷："传球永远不该高过地面3英寸[①]！"

　　维拉教练也要哈维盯着瓜迪奥拉看，让哈维学会如何成为一个巴萨型4号。后来瓜迪奥拉自己看了看当时还在巴萨16岁以下队踢球的哈维，说："这孩子4年后就能代替我了。"

　　1998年8月，巴萨对马洛卡赛前，当时巴萨的教练路易斯·范加尔问18岁的哈维："瓜迪奥拉受伤了，你代替他出场——准备好了吗？"

　　于是哈维出场。后来他为巴萨踢了700多场比赛，这就是起点。

　　现在，瓜迪奥拉要来执教了。

　　2008年夏天，瓜迪奥拉就任巴萨主帅之初，就大刀阔斧地进行改革。小罗、德科、埃托奥等球员不在他的计划内。小罗和赞布罗塔去了AC米兰，德科去了切尔西。埃托奥最后被留下了，但瓜迪奥拉要求他训练更严谨认真。

[①]英制长度单位，1英寸合2.54厘米。——编者注

瓜迪奥拉和梅西

    随着小罗的离去，2008 年 7 月，21 岁的梅西获得了一份 780 万欧元年薪的新合同——全队最高，以及曾属于小罗的 10 号球衣。这件球衣之前的主人，是金球奖得主小罗和里瓦尔多；更远一点，当年的马拉多纳也穿过这件球衣。这意味着随着瓜迪奥拉的到来，随着班子的更迭，巴萨要以 21 岁的梅西为核心组建体系了。

    巴萨对梅西重视至极，关怀细致入微。此前两年，他有 8 个月因伤缺席，所以巴萨专门为他制定了全新的训练、营养摄入和生活方案，还为他指派了一位私人理疗师。

    2008 年夏天的北京奥运会，巴塞罗那本来不希望梅西代表阿根廷参

梅西传奇

赛。但新上任的巴萨主帅瓜迪奥拉，1992 年带领西班牙队赢下过巴塞罗那奥运会金牌，很明白奥运会对球员的意义，特许梅西去踢了奥运会。

在北京，阿根廷首战科特迪瓦，梅西首开纪录，球队以 2 比 1 取胜。出线后，对阵荷兰，梅西首开纪录，再助攻第二球，阿根廷以 2 比 1 取胜。半决赛，梅西带队以 3 比 0 击败巴西，决赛又干掉尼日利亚——于是他带队拿下奥运会冠军。他与队友里克尔梅一起被选进了奥运会最佳阵容。

这也可以看作阿根廷上一位 10 号大师里克尔梅与梅西的交接班。

2008 年奥运会夺冠后，梅西与阿圭罗展示金牌

带着奥运会冠军的荣誉回到巴塞罗那后，梅西的2008—2009赛季开始了。

瓜迪奥拉要求球员们比以往更努力，他在训练中更因材施教，给每个球员制订了更细致的个性化训练计划。他要求球队更像一个团体。

与此同时，战术有了更细致的变化。2008—2009赛季，巴萨采用433阵型。

后卫自左至右是阿比达尔、普约尔、皮克、阿尔维斯。

中场拖后是亚亚·图雷，往前则是伊涅斯塔与哈维。

锋线自左至右，是亨利、埃托奥与梅西。

之前里杰卡尔德设置的也是433阵型，进攻重心在左翼的小罗，围绕他的带球突破，制造巴萨的攻势。瓜迪奥拉却要求采用一个控球至上的进攻思路，以及更积极的防守策略。

防守时，球队应该采取高防守线，每次丢球后，应该就地反抢。因为瓜迪奥拉相信：对手刚拿到球权时，是最容易混乱、最孤立无援的，那是抢回球权的最好时机。

而当掌握球权时，哈维和伊涅斯塔主导的传球控球，可以保证巴萨最大限度地掌握球权。快速传递，一脚出球，每个人都参与传球。巴萨依靠传切，如织一张大网，罩住对手，始终掌握主动权。

2008 年夏天，哈维本考虑转投德甲巨人拜仁慕尼黑，但瓜迪奥拉劝他留下。2008 年 9 月，瓜迪奥拉如是说：

> 哈维有巴塞罗那的 DNA。他知道何为优秀的足球，他低调又忠诚。我第一次看他踢球，就知道他会成为巴塞罗那的大脑。

瓜迪奥拉和哈维

2008—2009赛季开局败给努曼西亚，被桑坦德竞技又以1比1逼平后——梅西射入赛季第一球——巴萨在联赛开始了浩浩荡荡的9连胜；2008年11月23日，巴萨以1比1平赫塔菲后，又赢得一波10连胜。他们掌握球权，随心所欲，对手则如陷网中，无能为力。

2008年年底，金球奖评选结果出来了：年度金球奖归了C罗，梅西票数排第二，但没关系！

那个冬天，他正在其他赛场过关斩将呢。

巴萨这一年的联赛首席射手，依然是埃托奥：全年他在36场联赛中射进30球。亨利则是联赛19球，加上其他各色比赛总计26球。梅西在联赛中射进23球，而且在国王杯和欧冠上表现更为出色。

他在继续进步：他已经是这个世界上最好的奔袭手，2009年2月9日巴塞罗那10连胜之夜，他习惯性内切晃过对手后，左脚踝略抖送出一球，助攻埃托奥得分，加上之后他助攻阿尔维斯的一球，他压倒队友哈维，前22轮比赛做到西甲最多的10次助攻。在球场上画出大幅度奔袭线路撕扯对方防线的同时，他还在持续进步……

2009年4月8日，欧冠1/4决赛，巴萨对阵德国巨人拜仁慕尼黑第一回合，梅西进2球，2次助攻，巴萨4比0大胜拜仁。

那场比赛后，全欧洲都被瓜迪奥拉带领下的巴萨的独一无二的风格震惊了。

早在2006年世界杯期间，西班牙电视六台的体育记者安德烈斯·蒙德斯解说西班牙对突尼斯的比赛时，说了句"我们正在tiki-taka, tiki-taka"。tiki-taka 是用来形容西班牙球员们彼此快速来往，一脚出球的踢法。巴萨等西班牙球队当时都是这个风格：短传、控球，丢球则立刻抢回，无限掌握球权。

但瓜迪奥拉从来不喜欢这种说法。

当 tiki-taka 的说法后来留名足球史时，瓜迪奥拉评价说："我讨厌什么 tiki-taka 的说法。那些都是垃圾词语。你必须带着明确的意图传球，你的目的就是将球送入对方球门，而非为了传球而传球。你别相信别人说的什么巴萨就是在来回传球，这完全是胡说。在所有团队运动中，秘诀就是，在球场的一侧密布人员，让对手必须倾斜自己的防守，然后另一侧便会变得虚弱，让你有机可乘。"

在瓜迪奥拉看来，这才是他的战术哲学：

掌握球权，制造局部人数优势，破坏对手的防守平衡，再击破之。

的确，2008—2009 赛季，巴萨踢得并不保守。他们绵密细致地传球，只为了击破对手。哈维在这一年被赋予了极大的自由：以往更多负责传递串联的他，本赛季更大胆地送出尖锐的直传，于是单赛季送出西甲破纪录的 20 次助攻。虽然瓜迪奥拉形容哈维的风格，"我接球，我传球；我接球，我传球"，但西班牙媒体开始传颂哈维的另一个细节：他越来越多地用一个精美的 360 度原地转身摆脱后传球，西班牙人称之为 la pelopina。

这个标志动作很"哈维"：简洁、轻盈，以及最后还是为了传球。

就是在这个球队中场的传切支持下，瓜迪奥拉做了大胆的改变。

马斯切拉诺抱起梅西，哈维
和伊涅斯塔跑过来一起庆祝

2009 年 5 月 2 日，巴萨做客马德里，在伯纳乌球场的 8 万球迷面前对阵皇家马德里。这场比赛，瓜迪奥拉教练做了个神来之笔的布局：433 阵型，梅西站上了伪 9 号（False 9）位置。

梅西不用再在右路活动了：他去到中路，获得了完全的自由，得以自由释放。全场比赛，梅西和埃托奥经常中路和右路换位，右后卫阿尔维斯大幅度推前，与埃托奥在右路打出配合。

结果巴萨让马德里球迷目瞪口呆。他们以 6 比 2 的比分羞辱了皇马。亨利和梅西各中两球，普约尔和皮克各进一球。

所谓伪 9 号，是个微妙的位置。足球中所谓的 9 号位，往往指中锋，进攻时顶在中路，是最好的进攻终结者。伪 9 号也在中路，但位置更靠后。这会让对方后卫不爽：不盯防吧，就给了伪 9 号足够的自由；盯防吧，容易漏出中路空当。

但伪 9 号本身不太容易踢：球员需要有非凡的意识，有顶尖的转身、运球和传球技艺。他们得兼具前锋的攻门能力和前腰的组织能力。

现代足球史上，第一个卓越的伪 9 号是谁呢？一般认为是克鲁伊夫。

没错，巴萨的教父——克鲁伊夫。

克鲁伊夫组建的拉玛西亚培训出来的梅西，成了他的接班人。

这是命运的巧合啊。

2009 年 5 月 13 日，巴萨打进西班牙国王杯决赛——这是梅西第一次为巴萨踢决赛。他打进一球并助攻一球，让巴萨以 4 比 1 击败毕尔巴鄂竞技，拿下国王杯冠军。3 天后，巴萨又加冕 2008—2009 赛季西甲冠军，队史上第 5 次拿下双冠王。

但还没完呢。

2009 年欧冠半决赛，巴萨用两回合艰难磨赢了切尔西。切尔西的荷兰主教练古斯·希丁克用扎实紧凑的系统防守策略，锁住了禁区；又派出若泽·博辛瓦、约翰·特里和迈克尔·埃辛三条大汉，联手紧钉梅西。切尔西在诺坎普与巴萨踢成 0 比 0，回到主场则与巴萨踢成 1 比 1，巴萨险胜过关。

一如既往，切尔西的硬朗总是会让巴萨头疼。好在，过去了。

面对切尔西的铜墙铁壁

2009 年 5 月 27 日，意大利罗马，欧冠决赛上演。

巴萨对阵上届冠军曼联，梅西遇到了 C 罗。

这是宿命的相逢。

开场后，曼联右路用韩国球星朴智星狂奔突破，左翼则依靠长传球寻找韦恩·鲁尼。但巴萨控制了中场：曼联老球星，曾经欧洲最锐利的左路突破手——威尔士人瑞恩·吉格斯每次接到球都找不到突破机会，只好横传。C 罗偶尔回撤接球，随后直接远射攻门。他疾风快马，洒脱利落，数次威胁了巴萨球门。

但巴萨很快找到了感觉。第 10 分钟，埃托奥扑向曼联后卫内马尼亚·维迪奇，后者在梅西与埃托奥之间站位混乱，让埃托奥找到前插机会，一扣，一射，曼联身高 197 厘米的荷兰门将埃德温·范德萨——当时号称世界上脚法最好的门将——身体急速下沉。可是，球还是从其指尖下弹了进去。

巴萨 1 比 0 领先。

赛后，瓜迪奥拉说：

> " 当我们必须逼出去，朝对手施压时，我发现了我们的弱点：我们承受不起前场丢球这样的错误。 "

要抵挡曼联那万马奔腾的进攻，最好的方式是釜底抽薪，多控球；控球如果不推进，就无异于给曼联挠痒；前场 30 米附近的传递，犹如在刀尖跳舞。巴萨利用了梅西：他在中路靠后的伪 9 号位置，曼联不敢对他稍有轻忽，埃托奥得以乘虚而入。

也因为梅西的牵制，伊涅斯塔堪称巴塞罗那全场最佳。他拥有不亚于梅西的细密带球技术，不断滑冰一般溜向曼联禁区。哈维一刻不停地移动、传球，有时和队长普约尔心有灵犀地互望一眼，挑一脚长距离地滚球。可是，他们在前场盘旋时，曼联就是不敢扑出来。

曼联不能轻松呼吸，因为有一根骨头梗塞着曼联的禁区。

梅西一直在中路游弋，偶尔接一脚球，面对两到三个人组成的墙壁。上半场，他每次贴向禁区，都没有选择变线向右。他向左传球给亨利，或是一个加速向禁区角扑去。他的奔袭极有节制，曼联不敢扑出来。梅西随时提醒着曼联：我一直在这里哟。

中路靠右位置，伊涅斯塔不断穿刺，偶尔和普约尔做配合。他经常在哈维靠前一点的位置拿球，传递。因为有了他的牵制、干扰、威胁和偶尔吓唬，球反复在曼联禁区三人墙面前穿插。

赛后曼联的弗爵爷感叹说："我觉得哈维和伊涅斯塔这辈子都没传丢过球。他们把你拉上旋转木马，让你头晕目眩。"

比赛第70分钟，曼联球员的体力开始下降。哈维盘带推进。曼联禁区正面又是三人墙，亨利和埃托奥牵制着对方的注意力。哈维望了一眼，送出一脚轻柔的传球。

梅西起跳，一个头球轻点，球越过曼联门将范德萨的手指入网。2比0。

于是巴萨击败曼联，拿下2009年欧冠冠军。

2008—2009 赛季欧冠决赛，梅西头球破门

梅西、伊涅斯塔举起欧冠冠军奖杯，哈维欢呼庆祝

　　　　　　　　　　　　　　　　　　　梅西传奇

巴萨 4 年里第二次，队史上第三次获得了欧冠冠军，并由此成为西班牙足球史上第一个三冠王。哈维被评为当场最佳球员，鲁尼认为伊涅斯塔是"世界上最好的球员"。瓜迪奥拉成为史上第 6 个作为球员和教练都拿到欧冠冠军的人——之前的 5 个人中，有 2 个（克鲁伊夫和里杰卡尔德）是巴萨的人。瓜迪奥拉认为"我们不是队史上最好的巴萨，我们只是踢了更好的赛季"。但曼联的弗爵爷潇洒地表示："更好的球队赢了，巴萨踢得好。"

很巧的是，这也是 C 罗为弗爵爷的曼联所踢的最后一场比赛——之后要再过多年，他才又回到曼联。

于是 2008—2009 赛季，成了瓜迪奥拉的完美赛季，也成了梅西的完美赛季。瓜迪奥拉第一年当主教练，梅西第一年当 10 号。瓜迪奥拉带领巴萨成为 2008—2009 赛季的三冠王。梅西以不到 22 岁的年纪，拿下单届欧冠 9 个进球，成为欧冠最佳射手，创造史上最年轻的最佳射手纪录。他用 3 年的时间，从举世战栗的边路斜插奔袭者，变成了一个无所不能的进攻核心。

这个赛季，尽善尽美：梅西与瓜迪奥拉的战术相辅相成。梅西获得了巨大的自由，也赢得了球队的信任，合计 51 场各种比赛射进 38 球。个人表现与集体荣誉，一起臻于完美。这是拉玛西亚式的成功，巴塞罗那式的成功，曾经的一切努力都在此得到了完美的回报。

大概是因为看到了梅西可以有多神奇，2009 年 9 月 18 日，巴萨再次更新了梅西的合同：他会在巴萨起码留到 2016 年，任何球队都要砸出 2.5 亿欧元才能买断他，他的年薪飙升到 1200 万欧元。

　　另一件锦上添花的事是：早先的 2009 年 3 月 28 日，在一场国家队比赛中，梅西第一次身穿阿根廷 10 号球衣出赛，那是里克尔梅留给他的，马拉多纳曾经穿过——阿根廷光荣的 10 号球衣。

　　在巴萨，他身穿小罗留下的 10 号球衣。在阿根廷，他也穿上了 10 号球衣。

　　属于他的 10 号时代，终于开始了。

　　最后，是最完美的故事。

　　之前一年，他开始和青梅竹马的安东内拉·罗库佐交往。在 2009 年 1 月的某次采访中，梅西第一次承认了恋情。一个月后，他公布了这段感情。

　　真是完美丰收的夏天。

梅西传奇

梅西、安东内拉和他们的两个孩子

06.双骄

2009 年夏天，西甲乃至足球世界的另一件大事是：在欧冠决赛中输给巴萨后，曼彻斯特联队接受了皇家马德里8000 万英镑——折合 9400 万欧元——的创纪录报价，同意2008 年金球奖得主 C 罗转会到皇马。

于是，皇马的 C 罗和巴萨的梅西——足球世界两个顶尖的天才，在西班牙、欧洲乃至世界足球顶尖的两支球队里，站上同一个舞台了。

他们从此开始了足球史上最传奇的漫长对决。

2009 年夏天，前一年的三冠王巴萨从球队的青年队选上来了颇有指挥才能的 18 岁中场球员蒂亚戈·阿尔坎塔拉。他们也抛售了一些球员，其中包括前一年瓜迪奥拉就想过

要放弃的前锋埃托奥，代之以 27 岁的瑞典巨人，当世最才华横溢却性格古怪的前锋——兹拉坦·伊布拉希莫维奇。

伊布 1981 年生于瑞典，曾效力于荷兰豪门球队阿贾克斯。他身高 195 厘米，但迅速、强壮又灵活，球感出色，技术优美又全面，左右脚都能射门，可以踢锋线的任何位置。最不可思议的是，他身材如此高挑，还兼具协调

梅西、伊布和亨利

梅西传奇

性和柔韧性。他和阿贾克斯曾经的荷兰巨星范巴斯滕一样——实际上他在尤文图斯时，卡佩罗教练也的确劝他多看范巴斯滕的录像——以高挑的个子，玩出倒钩射门、凌空射门之类的花招。他在阿贾克斯统治了荷兰甲级联赛，去意大利尤文图斯和国际米兰，又都拿过联赛冠军，这也助长了他古怪的脾气：他很是高傲，颇喜炫耀自己的天分，对扎实、精确地踢球就没那么感兴趣了。几年后被问起自己的风格时，伊布说：

> **我既不是瑞典风格，也不是南斯拉夫风格——我是伊布风格！**

巴萨迎来的，就是这么一位骄傲的青年。

与此同时，巴萨内部出了点事。2009 年 9 月，加泰罗尼亚媒体发现，巴萨俱乐部常务总经理胡安·奥利维尔聘请了调查公司，试图追踪四位 2010 年巴萨俱乐部主席候选人的日常生活。之后奥利维尔召开新闻发布会撇清说，巴萨没有进行间谍活动。球队主席拉波尔塔也竭力解释说，这些调查没有违反法律。随后，球队副主席弗兰克萨辞职，巴萨俱乐部董事会重组。

瓜迪奥拉教练表示，"球队更衣室里没提到这个话题，大家全神贯注于比赛"。

但球队似乎没法不受影响。

2009—2010 赛季开始，巴萨又一口气拿下西班牙超级杯、欧洲超级杯和国际足联世界俱乐部杯冠军，从三冠王变成了六冠王。荣誉也随之而来，2009 年年底，梅西拿下了自己的第一座金球奖奖杯：在卡卡与 C 罗身后等了两年后，他终于得到了第一座金球奖奖杯。

这个赛季，梅西依然是以踢伪 9 号位置为主。他成了球队战术的重心。

梅西在 2009 年捧起自己的第一座
金球奖奖杯

梅西传奇

新来巴萨的伊布也偶有精彩表现，比如2009年11月29日的国家德比，梅西首次在西甲面对C罗，伊布射入全场唯一进球，巴萨以1比0击败皇马。

但伊布并不太习惯巴萨的战术。这一年联赛，他全季射进16球，但他不喜欢巴萨精巧流畅、简洁明快的团队配合。毕竟巴萨的风格要求团队至上，哈维、伊涅斯塔甚至当世突破第一人梅西，都要优先传球，盘带突破是最后的选项。对没事喜欢玩点高难度动作的伊布而言，这样绵密快速的踢法太费事了。

更大的问题在于伊布高傲的性格与瓜迪奥拉不合拍。2011年年底，当时伊布已经离开巴萨，在自传《我是伊布》中，他如此描述：

> 巴萨更衣室过于沉默，梅西、哈维与伊涅斯塔明明是巨星，却像学生一样老实。瓜迪奥拉则像个老师似的。

大概是因为伊布并非出身拉玛西亚，无法理解拉玛西亚式的团队哲学。他的不配合引发了一系列连锁问题：他拒绝如埃托奥一般去右边路活动，这就导致巴萨右后卫阿尔维斯必须更大幅度地插上，哈维必须经常去右路帮衬，以便维持巴萨的平衡。

为了迁就伊布，巴萨整个阵容是失衡的。

值得一提的是，这一年伊涅斯塔受伤病困扰，有一半的比赛，巴萨让强硬的塞杜·凯塔代替他首发。凯塔很勤勉，但终究不是伊涅斯塔——尤其是在对阵强队时，他缺少伊涅斯塔的灵巧。

巴萨在联赛中顺风顺水，2010 年 4 月 10 日的国家德比第二战，梅西射进当赛季个人第 40 球，巴萨以 2 比 0 击败皇马。这一年，巴萨全赛季只输了一场——2010 年情人节那天，输给马德里竞技。最后 38 场联赛，巴萨 31 胜 6 平 1 负，蝉联了联赛冠军。

　　但 2010 年 4 月下旬，巴萨在欧冠比赛中，两回合 2 比 3，输给了穆里尼奥带领的国际米兰。

　　这不是我们第一次提到穆里尼奥这个名字了。这个 7 年前带领波尔图见证了梅西初战的葡萄牙人，这个在切尔西时与巴萨大战过的葡萄牙人，如今又在国际米兰成了巴萨的对头。

梅西和穆里尼奥

　　　　　　　　　　　　　　　　　　　　　　　　梅西传奇

何塞·穆里尼奥 1963 年生于葡萄牙。球员时期不算成功，后来因为通晓 6 国语言，成了名帅博比·罗布森的翻译。罗布森在巴萨效力期间，穆里尼奥也在巴萨工作过。2002 年，他成了波尔图队的主教练，2004 年带领球队神奇地拿下欧冠冠军。

当年夏天，穆里尼奥被切尔西看中。当时切尔西刚由俄罗斯巨富罗曼·阿布拉莫维奇买下，老板阿布颇为中意穆里尼奥，于是给他全部权力。穆里尼奥刚到切尔西时也极为傲慢，甚至对媒体自吹"我在葡萄牙时，知名度仅次于上帝"。他利用阿布给他的支持，大肆收购球员，如皇马的后腰克劳德·马克莱莱，还有当时已经 26 岁，大器晚成的科特迪瓦前锋迪迪埃·德罗巴。德罗巴的打法不算华丽，但扎实有效。2004—2006 这两个赛季，切尔西拿下联赛两连冠。2008 年，穆里尼奥上任国际米兰主教练，据传他当时领到了意大利甲级联赛史上最高的教练薪水。

穆里尼奥的风格极为强硬，性格颇具争议。他在波尔图获得成功后，去到切尔西，一开始就四处挑衅，但获得成功；他去到国际米兰后，再次获得权力。老帅克劳迪奥·拉涅利曾说：

❝ 穆里尼奥让我想起了尼采的超人。为了克服困难，超人要去克服困境，使自己变得更强大。而穆里尼奥则接过了一切挑战。**❞**

穆里尼奥不仅迎接挑战，还像蜜蜂一样蜇人，吸引所有人愤怒地对他抛掷长矛。伦敦媒体认为，他是要用这种高调吸引炮火，以便保护球员。他在场上场下酷爱用各种招式扰乱对手。风格上，他酷爱防守反击。他要求全队都参与防守，喜欢所有能立刻融入球队的球星。曾在他麾下效力过的法国名将克劳德·马克莱莱认为他极富计算能力，理性至上，相信不要失误就能取得一切理想化的成果。

2009年欧冠半决赛，他就是坚持防守反击策略。主场对巴萨，他带领球队以3比1赢球。在诺坎普，全场大部分时间国际米兰只有10人迎战，但他们坚韧不拔地守了下来：最后国际米兰以3比2的比分晋级。之后，2010年5月22日的欧冠决赛中，当时已经拿下联赛和杯赛冠军的国际米兰，面对同样拿到双料冠军的拜仁慕尼黑，最后以2比0取胜，成为欧冠冠军，以及意大利有史以来的首支三冠王球队。赛后，穆里尼奥喜极而泣。

前一年，瓜迪奥拉带着传切流畅的巴萨成为三冠王。这一年，穆里尼奥带着坚韧强硬的国际米兰成为三冠王。

这也是穆里尼奥和瓜迪奥拉漫长恩怨的开始。

后来伊布说过，巴萨输给国际米兰之后，他曾经在更衣室朝瓜迪奥拉大吼："你压根儿没种！你见鬼去吧！"他本以为瓜迪奥拉会跟他对骂，但是，"瓜迪奥拉是个胆小鬼，他根本都不理会我"，他说。

矛盾还是爆发了，瓜迪奥拉没法坐视不管了。

之后的一场联赛中，巴萨对阵比利亚雷亚尔，瓜迪奥拉选择让伊布替补，19岁的拉玛西亚小将博扬首发，伊布为之大怒。但也就在这场比赛里，梅西独中2球，巴萨以4比1取胜。

梅西传奇

实际上，从此时到赛季结束，在伊布替补的 4 场比赛里，梅西得以更多地在中路活动，射进了 7 球，为巴萨锁定了连续两年的联赛冠军战绩。整个赛季下来，梅西踢了 35 场联赛，进了 34 球，被评为西甲最佳射手，各种比赛合计进了 47 球，包括欧冠 8 球，连续两年获得欧冠最佳射手，并收获了他的第一个欧洲金靴奖。这一年，他代表巴萨单季联赛进 34 球，全季进 47 球，都追平了巴萨队史纪录。

伊布、瓜迪奥拉和穆里尼奥

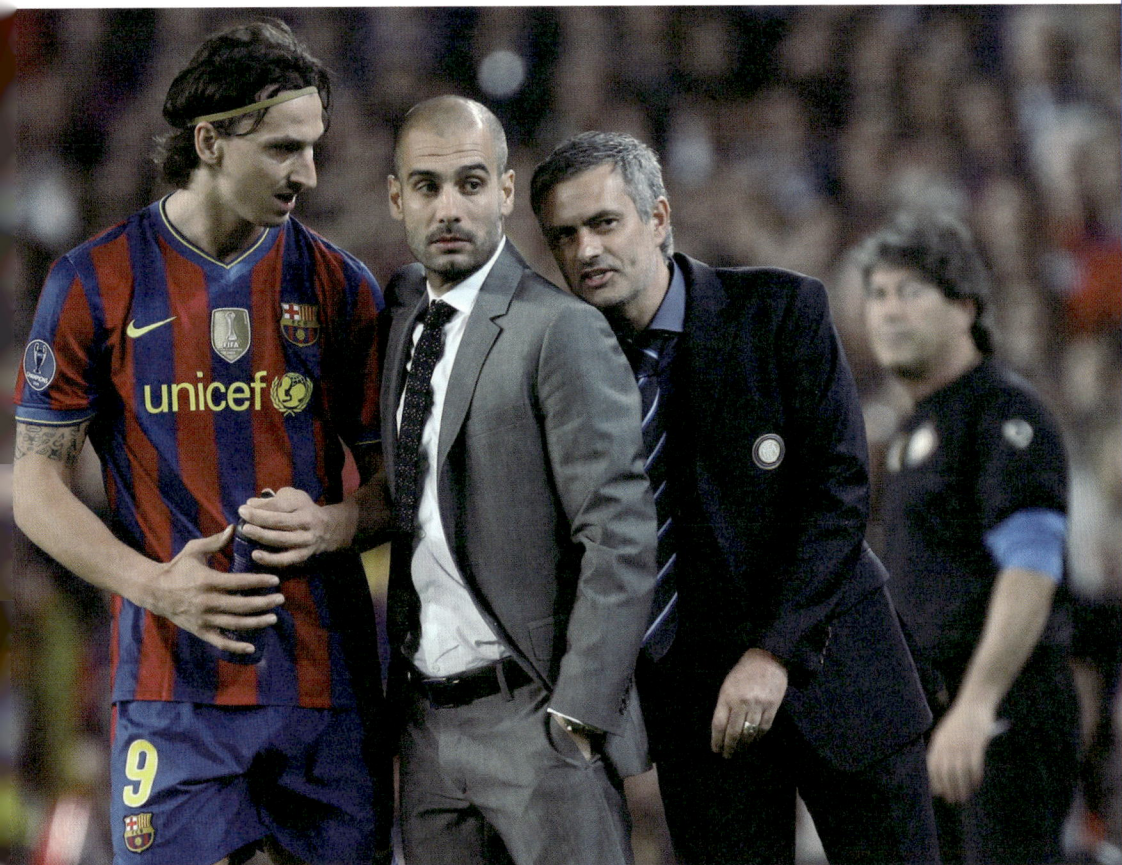

此前的纪录是 1996—1997 赛季，21 岁的"外星人"罗纳尔多在巴萨创造的联赛 34 球，全季 47 球。

我们都知道，罗纳尔多是梅西成长过程中最喜爱的前锋，他也是由此而开始喜欢巴萨的。

虽然巴萨没能获得欧冠冠军，但梅西的卓越发挥依然被人认可。欧冠 1/4 决赛，梅西在代表巴萨对决阿森纳的比赛里独中 4 球，发挥极佳。阿森纳主帅温格赛后感叹说：

> 一旦梅西启动，便不可能阻止他。他是唯一可以随心所欲变换节奏的球员。梅西是个游戏里才有的球员。我们每犯一个错误，他就能得益……巴萨是一支好球队，他们拥有当世最佳球员。梅西很年轻，他可以成就伟大。他还可以踢 6—7 年的高水平足球，他可以标记一个时代。他让不可能成为可能。我不知道还有谁能如此进 4 个球。

同样出身阿森纳的英超史上卓越的球星之一，为法国拿下 1998 年世界杯和 2000 年欧洲杯冠军立下汗马功劳的亨利，自己是 21 世纪初最长于带球突破的前锋，却说他没有言辞来形容梅西的突破。

"他像一辆大众甲壳虫，穿梭在许多 18 轮大车之间。"

阿森纳队史上最伟大的教练温格对梅西赞赏有加

最后，亨利决定不只用嘴说，还用手敲，他在桌上敲打节奏，嗒嗒嗒嗒，嗒嗒嗒嗒——"梅西就这么突破。"

亨利抓住了重点：梅西的带球可怕的不是速度，而是独一无二的节奏与触球技巧。

"许多人讨论说篮球巨星全速运球突进时，可以和不持球时一样快，但篮球运动员是靠手运球，他们知道周围发生什么……莱昂？他总是似乎要倒下了，但他的平衡感让他能站稳。他小巧且敏捷，他带球每一步都能触球，别人不可能模仿。我带球，一二三，触球，一二三，触球。如果我想要每一步都触球，我必须慢下来，但莱昂可以在每一步都触球的情况下全速带球！嗒嗒嗒嗒，嗒嗒嗒嗒！"

梅西和亨利

梅西传奇

那一年，全世界都在谈论梅西。西班牙媒体叫他"原子小跳蚤"。他重心低，又灵活，可以随心所欲地变换节奏，改变方向，节奏比任何对手都快一拍。他年少时体格瘦弱，但随着这几年的成长，他的下盘变得结实，上肢力量也在提升。所以他能在高速带球中不可思议地维持平衡。英国媒体大力称赞过，他的突破能力冠绝当时，他从不假摔，而是坚持用自己的盘带突破给对方球队制造威胁。意大利的蒙蒂·法比奥总结说，梅西的左脚极为神奇：他用外脚背自如地控球，也能用脚弓内侧精确地射门与传球。

总而言之：他的技术就是完美的。

上一个球技如此完美的人是谁？马拉多纳。

马拉多纳最耀眼的成就是带领阿根廷队夺得世界杯冠军——于是阿根廷球迷觉得，梅西也该去世界杯震惊世界啦！

实际上，阿根廷球迷的态度开始让梅西不那么舒服了。

2010年5月，梅西在一次采访中表示，被一遍遍追问自己与马拉多纳的关联，这让他感到疲倦。

他父亲豪尔赫抱怨说："国家队征召过百来个球员，就只盯着莱昂一个人？不公平！他在巴萨被所有人爱戴，然后回到阿根廷，面对这一切批评。"

1986年那支世界冠军阿根廷队的一员塞尔吉奥·阿尔米隆挑剔说："当马拉多纳面对挑战时，他会踢得更好。也许梅西还太年轻，无法面对那份压力……他有一个西班牙头脑，他觉得自己是西班牙人！"

这话听着很感性，但也很怪异。梅西2005年为阿根廷20岁以下国家队出赛时的教练潘乔·费拉罗说："我总是维护梅西。阿根廷球迷有着矛盾的一面：拥有美好时，我们不懂珍惜，总是看着阴暗面，总是不能好好欣赏梅西。他是我们的好孩子，我知道梅西热爱阿根廷。"

这就是梅西面对的压力：奇怪的、巨大的压力。

2010 年夏天，梅西身穿阿根廷 10 号球衣迎来了南非世界杯。

阿根廷主帅是这件 10 号球衣曾经的主人——伟大的马拉多纳。

2010 年南非世界杯，阿根廷 4 比 1 战胜韩国，梅西庆祝

2010 年南非世界杯，马拉多纳和梅西

梅西传奇

平心而论，作为教练，马拉多纳实在不算个战术大师，但他传奇的职业生涯让他有了足够的威望，毕竟他是全体球员年少时的偶像。

2008 年秋天，他上任阿根廷主帅后，赢下了前三场比赛，之后却以 1 比 6 惨败给玻利维亚，是为阿根廷队史上最惨痛的失利。比赛期间，马拉多纳做不出精彩的战术调整。也因为他惹是生非的性格，他一度被国际足联禁赛。

2010 年世界杯前，马拉多纳专门去巴塞罗那问梅西的战术意见，梅西推荐了 4312 阵型，他站那个 "1" 的位置：身处两个前锋身后，发挥他的组织才能。马拉多纳听从了梅西的意见。

2010 年世界杯开始了。

小组赛，阿根廷依靠后卫加布里埃尔·海因策的进球，1 比 0 击败尼日利亚，开门红。之后对韩国之战，梅西发挥了组织才能，策动 4 个进球，阿根廷 4 比 1 再胜。小组赛最后一场，大部分球员轮休，但梅西拒绝休息。他首次戴上阿根廷队长袖标，带队以 2 比 0 击败希腊。

三战全胜，阿根廷出线。

1/8 决赛，阿根廷对阵墨西哥，433 阵型，最后以 3 比 1 取胜。但这场比赛，阿根廷也暴露了问题：马拉多纳在中前场用了 5 位纯进攻球员，有媒体指出阿根廷只攻不守，过于激进。马拉多纳当然听不进去。对有着奔放脾气的他而言，进攻与观赏性才最重要。

在 1/4 决赛中，阿根廷再遇德国，这次阿根廷的运气却不如 4 年前：2006 年，阿根廷与德国战至点球对决才惜败。可是 2010 年这一战，是另一番景象。

德国取得梦幻开局：开场 3 分钟，巴斯蒂安·施魏因施泰格送出任意球，年轻的托马斯·穆勒头球得分，德国 1 比 0 领先。此后德国用两三人围攻梅西，德国全队则压缩空间，依靠防守反击。双方鏖战到第 68 分钟，为德国队出战第 100 场比赛的名射手米罗斯拉夫·克洛泽包抄得分，德国队 2 比 0。6 分钟后，施魏因施泰格送出传中球，阿尔内·弗里德里希进球。比赛最后时刻，克洛泽射进第 4 球，4 比 0。

德国依靠高效迅速的反击，开场得分，然后在比赛最后半小时，快速反击，击溃了阿根廷。阿根廷世界杯之旅就此结束。

2009 年，巴萨艰难战胜切尔西。2010 年，巴萨败给国际米兰。2010 年，阿根廷再败给德国。

梅西似乎总是会被强硬的钢铁之师阻挠。

2010 年世界杯后，梅西被国际足联选为杯赛十佳球员之一，赞美他"卓越的速度和创造力，华丽有效的盘带、射门与传球"。但在阿根廷国内，他遭受了抨击。

毕竟阿根廷人对梅西寄予厚望，认定他是马拉多纳的继承人，他就应该如 1986 年的马拉多纳一样，带队创造奇迹，化不可能为可能，拿下世界冠军才是！

虽然才 23 岁，但因为年少成名，以及与马拉多纳的过度相似，梅西早早地被压上了各种沉重的负担。他必须成为马拉多纳，否则就不能算成功。

07. 拉玛西亚的骄傲

2010 年，另一边，梅西的巴萨队友们经历了命运不同的夏天。

两年前的 2008 年欧洲杯，哈维代表西班牙队夺冠，已经证明了自己的卓越。在 2010 年世界杯中，哈维为西班牙国家队送出 599 次成功传球，准确率高达 91%；7 场比赛合计跑动 80.2 公里，平均每场跑 11.5 公里，也是世界杯第一。决赛中，他跑了 15 公里。

《每日电讯报》的邓肯·怀特说："哈维是西班牙队跳动的心脏，是 tiki-taka 打法的节拍器。他虽然只有 170 厘米高，但没有人比他影响力更大了。他不进球，不太铲断，他只是以无与伦比的准确率传球。"

与此同时，伊涅斯塔也在世界杯上真正扬名世界了。曾经作为防守型球员的他拥有梅西一般的平衡与灵活，以及精确的控球能力。西班牙国家队主帅文森特·博斯克说伊涅斯塔是"一个全能球员，他能进攻能防守，他能创造也能进球"。而当初里杰卡尔德在巴萨时，也曾让伊涅斯塔试过边锋、中前卫、后腰、影子前锋的位置。他每个位置都踢得好。

而当伊涅斯塔和哈维搭档时，依照荷兰后卫乔瓦尼·范布隆克霍斯特的说法，"他俩之间有特殊的默契，似乎随时知道彼此在哪儿"。

国际足联说伊涅斯塔，"他有着直接的进攻风格与快速的脚法，球像粘在他脚上似的，随时能制造威胁"。

而伊涅斯塔还不只是一个组织者。

2010年世界杯决赛，西班牙对阵荷兰，双方战成0比0，然后迎来加时赛。全场第116分钟，所有人都筋疲力尽了。

伊涅斯塔在右路，托雷斯传中被截断，法布雷加斯再接再厉传球，伊涅斯塔禁区右路停球一挑，在荷兰中场拉斐尔·范德法特追上之前，凌空斜射，球进了！西班牙以1比0击败荷兰。伊涅斯塔的致命一击让西班牙拿下了2010年世界杯冠军。赛后他被评为世界杯决赛最佳球员。

国际足联评选的全明星阵容中，包括了梅西的巴萨队友普约尔和布斯克茨；互联网评选的梦之队则有哈维和伊涅斯塔。

至此，哈维与伊涅斯塔，通过获得2008年欧洲冠军和2010年世界冠军，加上2009年的欧冠冠军，使所有人都不能否认：他俩是足球历史上最顶尖的中场组合了。

梅西传奇

2010 年世界杯决赛，伊涅斯塔的制胜进球

但西班牙夺下世界冠军,还有一位功臣——29岁的前锋大卫·比利亚。

大卫·比利亚1981年生,大器晚成。他生在西班牙阿斯图里亚斯大区的图伊拉村,父亲是位矿工。他4岁时股骨受伤,右腿曾经绑过石膏。那时,他的父亲曾将足球一次次抛向他,让他练习用左脚踢球。

14岁时,他差点放弃足球。阿斯图里亚斯地区的皇家奥维耶多队拒绝了他:"你太矮了。"2000—2001赛季,比利亚将满20岁,终于开始踢职业足球——加入了西乙联赛的希洪竞技队。

2003年,他已经踢了3年西乙,属于他的时刻终于到来。他在西乙连续几年进球率在50%左右,于是甲级联赛球队注意到了:噢,还有这么个高产射手啊!他以近300万欧元的身价去了萨拉戈萨,然后轻松适应了更高级别的联赛:38场进17球,包括对塞维利亚的独中四元。

希洪竞技队的经理后来如此回忆:"他技术很好,一脚出球能力超群。他的斜插极聪明,总能用跑动摆脱防守者,然后总是第一时间做最正确的选择。他简直有第六感。"在西甲第2个赛季35场进15球后,萨拉戈萨也留不住他了。24岁的比利亚踢了2年西班牙甲级联赛,才第一次为国家队出战,之后以1200万欧元的身价去了瓦伦西亚。

2005年9月,他在诺坎普的一个进球让巴塞罗那球迷寂静无声;10月23日,他在伯纳乌射进制胜球,封住了皇家马德里球迷的嘴。2006年2月4日,他中场一脚远射吊进了拉科鲁尼亚的大门,被描述为史上伟大的进球之一。2006年4月23日对毕尔巴鄂竞技,他5分钟内上演帽子戏法。赛季结束,他进了25球,只比联赛最佳射手埃托奥少一球。

梅西传奇

梅西和比利亚

　　少年时的艰难环境让比利亚不事修饰，只追求最简洁的足球。他矮壮、结实、快速、突破能力强，左右脚均衡，射门干练，风格明快。他没有埃托奥的猎豹般的速度、梅西的华丽盘带、劳尔的优雅球感、亨利的长途奔袭这些招牌式的东西，他拥有的招数就像他父亲使用的矿镐——重要的是效果。

　　法布雷加斯如此形容他："他有活力，能进球，很勇敢。他来英格兰踢球也会很出色。"他全面而简洁，符合现代足球，尤其是西班牙足球的逻辑。他可以打边锋或中锋，他可以突破，可以抢点。2008年，比利亚为国家队进了12球，包括在欧洲杯的4球，拿下金靴奖。

　　2010年世界杯，在西班牙首场败北的不利情况下，比利亚的2个进球让西班牙过了洪都拉斯这关；随后对智利，比利亚先拔头筹，随后又助攻伊涅斯塔得分。西班牙小组出线的4个进球，3个由比利亚包办，1个由他策动。1/8决赛对葡萄牙，他再次进球，西班牙以1比0淘汰葡萄牙。1/4决赛，西班牙和巴拉圭一场苦战。双方互相射飞点球后，比利亚再次绝杀巴拉圭。

世界杯中西班牙射进的前 6 球，5 球由比利亚包办，1 球由他助攻。他能像一个中前锋般进攻得分，能像边锋般在左翼迂回。他的所作所为就像他父亲的工作一样：一个矮小结实的矿工，简洁地解决问题。结果他也的确跟着西班牙队拿到了世界杯冠军。

2010 年 6 月世界杯开幕之前，巴萨已经不再对伊布抱希望。他们以 4000 万欧元的身价从瓦伦西亚签下了比利亚。而在稍后的世界杯上，比利亚的发挥证明了巴萨决策的正确。于是巴萨放弃了伊布。

2008 年和 2010 年西班牙国家队的成功，加上此前两年西甲冠军，让瓜迪奥拉有了底气：不追求名气，寻找最适合球队体系的球员吧！

伊布和亨利这些成名巨星的远去，比利亚和博扬这样的西班牙本土明星的任用，都是如此。

马斯切拉诺和梅西

梅西传奇

也是 2010 年夏天，巴萨新主席桑德罗·罗塞尔上任了。2010 年 8 月，巴萨将伊布送去了意大利 AC 米兰，从英格兰利物浦买来了阿根廷中场、梅西的国家队队友哈维尔·马斯切拉诺，让巴萨中后场又多了一个"万金油"球员。

马斯切拉诺全面、努力又聪明，拥有很好的位置感、传球能力、体能和强硬的抢断能力。后来《卫报》的作者乔纳森·威尔逊说他的风格就是"不停地铲球断球，抢回球权，再重新分配"。

对哈维和伊涅斯塔这样传带完美的天才中场而言，强硬的马斯切拉诺太适合了。

马斯切拉诺到位之后，巴萨的中前场球员有：

伊涅斯塔，171 厘米；

比利亚，174 厘米；

阿尔维斯，172 厘米；

梅西，170 厘米；

哈维，170 厘米；

佩德罗，167 厘米；

马斯切拉诺，174 厘米。

没有了 188 厘米的亨利和 195 厘米的伊布，巴萨的前场球员个个小巧而迅速。他们可以踢出瓜迪奥拉所渴望的风格了。这一年，瓜迪奥拉尤其强调他的"6 秒法则"，即对方获得球权后 6 秒，是夺回球权的黄金时机。小巧灵敏的中前场球员更容易完成反抢。

当然，执行起来并不容易：2010 年 9 月 19 日，在对马德里竞技的比赛中，梅西脚踝被铲伤。新队友比利亚看得心惊肉跳，"对梅西的防守实在太粗暴了"。

就是在这样的压力下，2010 年 11 月 29 日，巴萨迎来了 2010—2011 赛季的国家德比。双方场上有 13 名球员是世界冠军西班牙国家队的成员。这一年，皇马不仅拥有 C 罗，还有了新主帅——梅西的宿命对手穆里尼奥。

在这场比赛前，皇马是联赛榜首，赛季不败。

结果巴萨以 5 比 0 取胜。

开场 9 分钟，伊涅斯塔助攻哈维得分；8 分钟后，比利亚助攻佩德罗得分。下半场，梅西 2 分钟内 2 次妙传比利亚得分，最后委内瑞拉球员赫弗伦进球——这是他职业生涯中最璀璨的进球了。这场比赛之后，西班牙各路媒体大为震撼，宣布巴萨就是当下最强的球队。

瓜迪奥拉赛后认为："我们赢球的方式，让我们倍感自豪。"赛后巴萨占据联赛第一，一路平坦，直到赛季结束。2011 年夏天，巴萨收获联赛三连冠。

当然，那是后话。2010 年年底，巴萨有自己的喜事。

此前半个世纪，《法国足球》杂志一年一度颁布金球奖，以表彰年度最佳球员；而自 20 世纪 90 年代开始，国际足联也评选一年一度的世界足球先生。

这两个奖偶尔重合，比如 2007 年，两个奖都归了卡卡；2008 年，两个奖都归了 C 罗。也有不一样的时候，比如 2004 年金球奖得主是安德烈·舍甫琴科，世界足球先生则是小罗。

但 2010 年，金球奖与世界足球先生合并，成为国际足联金球奖。

2010 年 12 月 6 日，巴萨获得了史诗级的殊荣——2010 年金球奖前三位候选人名单在巴黎公布，1991 年金球奖得主让·皮埃尔·帕潘念出了三个候选人的名字：

> **梅西、伊涅斯塔和哈维。**

这意味着巴萨肯定能拿下年度金球奖。上次出现金球奖前三名被一支俱乐部包揽的情况，还是在 1989 年：AC 米兰的荷兰三剑客之二——范巴斯滕和里杰卡尔德，以及史上伟大的自由人之一弗朗哥·巴雷西。

于西班牙和巴萨，从国家队到俱乐部层面，这都是美妙绝伦的传奇：西班牙国家队获得 2008 年欧洲杯冠军、2010 年世界杯冠军，满载荣誉；而与西班牙国家队风骨相近的巴萨，则继克鲁伊夫时期的辉煌之后，再次成为世界级的梦之队：

他们有最精湛的指挥大师（哈维）、最灵巧的赢家（伊涅斯塔）、最逸伦超群的天才（梅西），以及最潇洒华丽的踢法。

但是，也就在名单公布那天，帕潘打开信封时轻声念了句："这是个意外……"主持人问意外为何时，帕潘一脸无辜地答："我不理解，为什么韦斯利·斯内德和迭戈·弗兰不在三甲之中？"

荷兰人韦斯利·斯内德，2009—2010 赛季作为国际米兰中场核心，连续获得意大利杯冠军、意甲联赛冠军和欧洲冠军杯冠军，成为三冠王，并被评为当届欧冠最佳中场。2010 年世界杯上，他以 5 个进球让荷兰队经历了第 3 次世界杯决赛，得到亚军，他自己拿下世界杯银球奖。

实际上，就在世界杯决赛前夜，许多专家已开始远望未来。那时，斯内德拥有三冠王和一个至少是世界杯亚军的成绩，是无可挑剔的 2010年金球奖热门人选。

当然，伊涅斯塔在 2010 年世界杯决赛的进球，阻断了斯内德的世界冠军梦。不过，斯内德的头衔依然够：在国际米兰，他拿下了三冠王；在国家队，荷兰获得世界杯亚军；他自己拿到 2009—2010 赛季欧冠最佳中场和世界杯银球奖。仅有的两点瑕疵是：没有世界杯冠军（比起伊涅斯塔和哈维少了一点），下半年国际米兰战绩一般。

乌拉圭人迭戈·弗兰，2009—2010 赛季为马德里竞技在联赛中进 18 个球，欧联杯进 7 球，加上其他比赛进球，合计全季 28 球；2010—2011 赛季已经为马德里竞技进了 7 球。2010 年夏天的世界杯，他以 5 个进球将乌拉圭带到四强，自己获得了世界杯金球奖。

大体而言，金球奖虽然以前只是由《法国足球》杂志选出的，但因是记者投票，所以更专业，更具时效性；世界足球先生则更像一场"尊严 + 荣耀 + 名声"之争。

但 2010 年，投票人员是：208 个记者，208 个国家队队长，208 个教练。这意味着这一年的金球奖是 1/3 个老金球奖，加上 2/3 个世界足球先生。

于是 2011 年 1 月 10 日，在瑞士苏黎世，国际足联宣布：梅西拿下 2010 年金球奖。

2011 年 2 月 5 日，巴萨在诺坎普以 3 比 0 击败马德里竞技：梅西上演帽子戏法，巴萨获得破西甲联赛纪录的 16 连胜。

3 月 8 日，巴萨连续两年在欧冠干掉阿森纳：两轮 4 比 3 晋级。这场比赛，阿森纳被巴萨天下无敌的传球所控制，全场射门 0 次，进球得分来自塞尔吉奥·布斯克茨的乌龙球。

当然，这不妨碍布斯克茨在这一年坐稳了巴萨首发中场席位。

布斯克茨身高 189 厘米，算是巴萨中前场里罕见的高个子。他身材高挑，但不算快也不算壮，甚至也不以防守见长：论抢截，他并不如马斯切拉诺。但他拥有世界级的控球、护球和传球技术。

最关键的是，他拥有不可思议的视野和大局观，西班牙国家队主帅博斯克如是说："如果你看比赛，你注意不到布斯克茨；你盯着布斯克茨看，就读懂了整场比赛。"

加上几乎冠绝当世的一脚出球能力，布斯克茨是巴萨攻防转换的枢纽。他负责分配球权，掌握节奏，而且像个反弹墙：当球队需要有一个人接应球权时，他便作为支点出现。他在后腰位置清晰理智地出球，让伊涅斯塔可以发挥他的前插能力，让哈维可以自由大胆地传球。2009—2010 赛季，他每场传球 59 次；2010—2011 赛季，他每场传球多达 86 次，成功率高达 92%，且在联赛中，他每场丢失球权及失误，加起来不到 2 次。23 岁的他年少老成，稳若泰山。

由于布斯克茨与哈维和伊涅斯塔的搭配，这一年的巴萨，让球的运转空前流畅。双中卫与布斯克茨组成出球轴，两边路得以大胆推上。右路的阿尔维斯与梅西、佩德罗和哈维大胆地灵活换位，很容易让右边路形成局部人数优势，迫使对方防守失衡；而一旦对方防守朝巴萨右路倾斜，中路偏左的伊涅斯塔和左路的比利亚就形成了另一组尖刀。

这可能是足球史上阵容搭配最合理，队员配合最缜密的球队。

这一年对巴萨的考验在 4 月达到巅峰。赛季末尾，18 天时间里，巴萨与皇马来了 4 场国家德比。4 月 16 日，双方 1 比 1 打平，梅西射进了

梅西和布斯克茨

点球。4 天后,巴萨在国王杯决赛中输给了皇马。

随后就是 2011 年欧冠半决赛,巴萨对皇马。

瓜迪奥拉对穆里尼奥,梅西对 C 罗。

瓜迪奥拉和梅西都想复仇——前一年和国际米兰的旧怨,他们记得呢。

首场比赛，梅西独进2球，其中第2球——他随心所欲盘过3个皇马防守者得分——后来被誉为欧冠史上的最佳进球。巴萨两回合3比1击败皇马，晋级欧冠决赛。

2011年5月28日，在英格兰的温布利球场举行的欧冠决赛上，巴萨又是面对英格兰豪门曼联。两年前，巴萨以2比0击败曼联夺冠。这一年，巴萨的压制能力更强了。曼联的计划是收缩防守，尽量长传。但巴萨逐渐掌握机会。哈维的射门被挡，比利亚远射偏出，范德萨也积极活跃地扑救。第27分钟，巴萨领先：哈维传球给佩德罗，后者进球。但7分钟后，鲁尼和吉格斯二过一配合后射进，将比分追平到1比1。

梅西开始活跃起来。半场结束前，梅西几乎将比利亚的传中变成得分。下半场一开始，他的一脚射门被帕特里斯·埃弗拉顶出底线。终于到了第54分钟，梅西禁区外接球，一脚远射破门。之后梅西又突破里奥·费迪南德射门，幸而被范德萨扑出。到了第69分钟，比利亚接转移球，一脚弧线射门直入球门上角，3比1。巴萨就此击败曼联，拿到2011年欧冠冠军。全场比赛中，巴萨具有压倒性优势：68%的控球率，射门次数22比4。赛后曼联守门员范德萨宣布退役。

梅西被评为全场最佳：他那个进球，是他在当届欧冠的第12个进球，于是他连续3年拿下欧冠最佳射手。

整个赛季，梅西33场联赛射进31球，18次助攻，拿下联赛助攻王；加上欧冠和其他比赛，他合计55场比赛打进53球。

这是巴萨队史上第一次有球员单年进球超过50球。

梅西传奇

虽然身披 10 号球衣，但有媒体认为，2011 年的梅西既是 8 号（组织），又是 9 号（进球），更是 10 号（助攻）。他是一个完美个体，能为球队提供一切。这一年，他和巴萨第二次完成了三冠王伟业，比 2009 年更加完美——毕竟 2009 年，他和瓜迪奥拉刚开始磨合，他第一次穿上 10 号球衣，瓜迪奥拉刚开始贯彻他的理念。而 2011 年，巴萨是一支磨合好的球队，所有的球员——除了梅西、伊涅斯塔和哈维之外，还包括新来的比利亚和马斯切拉诺等——都完全理解并支持瓜迪奥拉的战术。

> 巴萨完全是依靠拉玛西亚式的哲学，从理念到结果，都赢得了完全的胜利。

两年前击败曼联夺冠时，瓜迪奥拉还自谦说那支巴萨并非队史上最好的球队，只是踢了最好的赛季，但 2010—2011 赛季的巴萨，则几乎可说是队史上最好的巴萨，也可以说是足球史上最好的球队。

08. 身处巅峰的疲倦

　　然而，就是这样所向无敌的梅西，2011 年夏天回到阿根廷国家队，又是另一番遭遇了。

　　前一年世界杯败北后，阿根廷国家队易帅，马拉多纳被塞尔吉奥·巴蒂斯塔取代——这位教练当年和梅西一起，拿下了 2008 年奥运会冠军。

　　巴蒂斯塔一上任便公开表示，他打算围绕梅西建立球队，打造一个 433 体系，让梅西担当伪 9 号，恰如巴萨的体系一样。然而阿根廷的球员与巴萨全不相同，效果自然也天差地远。另外，在 2009 年 3 月之后的一段时间里，梅西仿佛陷入身披 10 号球衣的魔咒，一直没法为阿根廷国家队进球。

　　2011 年夏天，阿根廷队参加了美洲杯。整个杯赛期间，

梅西还是没进球。在俱乐部随心所欲破各种进球纪录的他，在对阵玻利维亚和哥伦比亚时都没感觉。

媒体指出，他和前锋搭档卡洛斯·特维斯——剽悍凶猛，很得阿根廷国内球迷欢心的野兽派球员——配合不佳。

美洲杯1/4决赛，阿根廷对阵乌拉圭，梅西助攻队友得分打到1比1平，但阿根廷在最后的点球大战中败北。乌拉圭拿下当届冠军，而梅西连续两年受到了阿根廷国内媒体的批评。

值得一提的是，在败给乌拉圭的这场比赛中，梅西正面遇到了与他同龄的乌拉圭射手路易斯·阿尔贝托·苏亚雷斯。在点球大战中，梅西为阿根廷射入第一个点球，苏亚雷斯为乌拉圭射入第二个点球。

> 这里有个尴尬的反差：在俱乐部，梅西的个人状态开始朝巅峰发展，随心所欲打破各种纪录；但在国家队，他所处的球队环境却是另一回事。

2011年夏天，巴萨得到了卡塔尔财团的赞助，于是引进了阿森纳队长塞斯克·法布雷加斯。如此，哈维、伊涅斯塔、法布雷加斯和布斯克茨这些西班牙国家队的老队友，以及梅西、皮克和法布雷加斯这三位拉玛西亚1987届学员，又在巴萨重逢了。

但好事多磨，巴萨的阵容厚度被他们的伤情连累了。

2011年9月，新到巴萨的智利前锋阿莱克西斯·桑切斯刚披上9号球衣便连续受伤。媒体不免又渲染：巴萨是不是遇到危机啦？

9月17日，巴萨8比0大破奥萨苏纳，梅西上演帽子戏法。赛后奥萨苏纳主帅何塞·路易斯·门迪里巴苦笑说："我们正好赶上了他们小小危机中的愤怒时刻。"

瓜迪奥拉则如此描述所谓"小小危机"："如果我看到他们不跑动了，脑满肠肥了，我会告诉你们这些媒体的。我们踢得不好时，相信我，我会告诉你们的。但我们没有危机！"

2011年11月26日，巴萨赛季第一次败北：他们输给了赫塔菲。12月10日，国家德比到来，巴萨3比1击败皇马。虽然皇马的法国前锋卡里姆·本泽马射进了德比史上最快的进球——开场22秒就得手，但巴萨还是赢了球，而且靠这场胜利再次度过了危机。

但5天后，比利亚受伤。巴萨的锋线捉襟见肘了。与此同时，因为上一赛季夺了一大堆冠军，巴萨还得全球到处飞，出击各大洲际比赛。

2012年1月4日，梅西发烧，没能在对阵奥萨苏纳一战中首发，但他替补上场，还是进了2球。5天后，梅西拿到了2011年国际足联金球奖，是为金球奖三连霸，瓜迪奥拉当选年度最佳教练。

此前，史上得到过3座金球奖奖杯的，只有法国巨星米歇尔·普拉蒂尼、荷兰前锋范巴斯滕，以及巴萨自己的教父约翰·克鲁伊夫。梅西在24岁时，已经追平了历史。

连续三次得奖了，因为如此缺乏悬念，加上本身谦谨温柔的性格，梅西只能微笑着从罗纳尔多——2011年退役的"外星人"，曾经的三届世界足球先生得主——手里接过奖杯，然后说一些客套话：

"对我来说，这是个……巨大的……喜事。"（他用了"巨大的"这个词，因为去年他已经用过"了不起"这个词，不能重复。）"我这是第三次拿这个奖了。"（实在谈不上有激情。）"这是个……巨大的……荣耀。"

　　和往年一样，总有些人会站出来表达一下异议。比如，死敌皇家马德里的守门员卡西利亚斯说："得奖的应该是哈维！"雅虎体育的埃德

2011 年，罗纳尔多给梅西颁金球奖

文·托雷斯继续老调重弹："梅西的确很棒，但他还没能在阿根廷国家队证明过自己，所以他只是恰好处在一个伟大的团队里……"葡萄牙媒体举着"克里斯蒂亚诺·罗纳尔多2011年60场比赛一共进了60个球"的例子，想硬压梅西一头——2011年进58球。

这是反对派的三种大致论调：哈维的传球造就了梅西，巴萨这个团队造就了梅西，C罗的进球数据好过梅西。

但巴塞罗那的媒体认为：作为世界最强的球员，梅西并不急着创造个人的辉煌纪录，他的成绩和他的球队荣誉是浑然一体的。他每晚都坚持出赛，每晚都发挥稳定。除了进球、助攻这些数据之外，他在场上的每一秒钟都在试图为巴萨制造一些良性循环。他几乎是在帮助球队赢球的间隙，完成了一个又一个帽子戏法……

连皇马的传奇人物迪·斯蒂法诺都承认："巴萨中场很了得。但梅西的确为球队贡献了很多。他是一个出众的天才，但总是为球队服务。"

贝克汉姆干脆地说："技术上，梅西是世界第一，但他同时拼命努力在为球队做贡献。他很享受比赛。"

瓜迪奥拉教练谈及了贝利、马拉多纳和迪·斯蒂法诺这些伟人，然后说："现在，梅西可以坐在他们边上了。这是个巨大的荣耀。不是吗？"

但接下来，梅西还有许多历史要创造——虽然很可能是被迫创造历史。

2012年2月19日，巴萨以5比1击败瓦伦西亚。梅西踢了他的第200场西甲联赛，单场进了4球。3月7日，在巴萨击败德国的勒沃库森一战中，梅西独进5球，这是欧冠联赛时代，第一次有人单场射进5球。赛后瓜迪奥拉说，梅西就是最好的，"无人可比。只要他乐意，他可以射进6球"。

2012 年 3 月 20 日，在诺坎普，巴萨 5 比 3 击败格拉纳达，梅西又一次上演帽子戏法，职业生涯中已进 234 球，从此成为巴萨队史上第一射手——在他还没到 25 岁的时候。

　　前一年的欧冠决赛，他射进单季第 12 球，创了欧冠单季进球纪录。这一年，纪录更新了。2012 年 4 月 3 日，巴萨对 AC 米兰，梅西射进 2 球，带巴萨以总比分 3 比 1 连续 5 年杀入欧冠半决赛。至此，他欧冠单季已进 14 球，创造了新纪录。4 月 10 日，巴萨在诺坎普以 4 比 0 击败赫塔菲，全队将这场胜利献给了正在做器官移植的后卫阿比达尔。

梅西主罚任意球

梅西传奇

4 天后，当季联赛已射进 40 球的梅西——与皇马的 C 罗并列，单季 40 球也是此前一年由 C 罗创造的西甲纪录——在瓦伦西亚射进赛季第 41 球，于是梅西创造了新的西甲单季进球纪录。

　　但这一连串纪录映照着一个事实：不是梅西喜欢大包大揽所有的进球，实在是因为人员短缺，巴萨过度依赖梅西了。

　　由于普约尔长期受伤病困扰——他 34 岁了，巴萨被迫让中场马斯切拉诺不时担任中卫。英国《卫报》报道说，瓜迪奥拉感叹 2010 年买下马斯切拉诺，实在是球队之福。

　　但这反过来也证明：巴萨的阵容的确捉襟见肘，得到处填窟窿了。

　　2011—2012 赛季，瓜迪奥拉被迫越来越多地采用 343 阵型。他使用法布雷加斯作为前腰，用布斯克茨作为中场中枢。

　　在巴萨对比利亚雷亚尔之战中，瓜迪奥拉甚至摆了这么 3 个后卫：马斯切拉诺、布斯克茨和阿比达尔。

　　马斯切拉诺和布斯克茨原本是后腰，阿比达尔原本是左后卫。后卫都不是他们的本行，但瓜迪奥拉还是这么用了。

　　巴萨经常摆出摇摆阵容。伊涅斯塔、哈维、法布雷加斯、马斯切拉诺、布斯克茨，这些球员都在职业生涯中踢过后腰和中前卫，也都很全面，但经常被放在非本职的位置上。他们在场时，巴萨的确可以最大限度地控制球权，但进攻之锐利与防守之强硬，都会受到影响。

然而巴萨没办法：

他们人少，更确切地说，适合巴萨体系的球员本来也不太多。而且全欧洲球队都学聪明了，知道与巴萨对攻形同自杀，纷纷缩紧阵势。这些欧洲球队知道如果不在进攻上投以重兵，实在难以取胜。

2012 年 4 月 18 日，疲倦的巴萨在欧冠半决赛做客斯坦福桥，与英格兰的切尔西对决。

那年的切尔西很特别：2012 年 3 月，主帅安德烈·博阿斯离职，助理教练意大利人罗伯特·迪马特奥接任主帅。4 月，切尔西就遭遇了巴萨。

依照前切尔西边锋帕特·内文的说法，迪马特奥使出了"大师级的战术"。

切尔西前锋、西班牙国家队王牌前锋、对巴萨的传切极为熟悉的费尔南多·托雷斯说，切尔西在意的不是巴萨如何传导球，而是如何压缩巴萨的空间。结果 4 月 18 日这天，巴萨的两边路无法打开，进攻被迫集中于中路，迪马特奥在 4 个后卫身前放上 3 个中场，逼迫梅西后撤接球。英国媒体承认这踢法有点"反足球""不好看"，但他们也觉得，防守和进攻都是足球的一部分。此外，切尔西在压缩空间的肉搏战中，也依靠约翰·特里、迪迪埃·德罗巴这些头球大王，压制了身高相对偏矮的巴萨球员。德罗巴射进唯一一球，切尔西以 1 比 0 获胜。

3 天后的联赛，巴萨在诺坎普被皇马击败：穆里尼奥几乎照搬了迪马特奥的打法，利用后卫塞尔吉奥·拉莫斯死缠梅西。德国人萨米·赫迪拉开场 17 分钟射入一球，巴萨这边桑切斯扳回一球，但随后 C 罗进球，皇马以 2 比 1 获胜。这一战基本奠定了皇马 2011—2012 赛季联赛冠军的地位，巴萨的联赛蝉联冠军之路到此结束。

又 3 天后，欧冠第二回合，巴萨在诺坎普对阵切尔西，一场戏剧性十足的比赛上演了。

话说 2008 年金球奖颁给 C 罗时，全世界都记得：金球奖第二名是梅西，第三名是西班牙金童费尔南多·托雷斯。

托雷斯也是个命运多变的球星。2007 年，时年 23 岁的托雷斯离开马德里竞技，去了利物浦。第一个赛季，他联赛 33 场进了 24 球。2008 年夏天，他代表西班牙赢下了欧洲杯，决赛对德国，他射进制胜球。那时他征服了英伦，又是西班牙的民族英雄，是全欧洲顶尖的前锋之一。世界赞叹他迅速、强壮、冷静、全面，空战能力强，技艺娴熟，所以他才能成为金球奖第三名……之后 3 年，在利物浦，他继续"进球如麻"。

2010 年世界杯，托雷斯依然是西班牙的冠军成员，但一球未进。后半程，他被巴塞罗那"出产"的佩德罗取代了，因为他无法适应西班牙巴萨式的细腻短传。

自那之后，他走了噩运。他转会去了切尔西，2010—2011 赛季出场 14 场，进 1 球。2011—2012 赛季，为切尔西踢的前 28 场联赛，他仅进 3 球。无数次空门不进，让他成了英国球迷在网上最津津乐道的笑话主角。

"我在上届世界杯里的进球数和托雷斯一样多啊，为什么没人拿

5000万欧元买我呢？"

"伦敦最近发生了6起枪击事件（双关语，指射门），全部没有命中。警方已经将目标锁定在了托雷斯身上。"

"现在还在等待伯明翰的首发阵容。主教练麦克利什正在改变他原先的决定——本来他以为托雷斯要首发的，所以就没安排守门员。"

"那天我看到利比亚的过渡政府对卡梅伦（英国前首相）说，如果他们抓到了卡扎菲，他们会把他发配到一个他再也无法搞破坏的地方。嗯，不如就让他来切尔西和托雷斯搭档吧。"

"那天我在老特拉福德球场观众席第6排，看曼联对切尔西的比赛。我看着托雷斯过掉了德赫亚（曼联门将），心想他这下该进球了吧。结果那球直接踢中了我！"

但这一晚，面对巴萨，托雷斯改变了自己的命运。

这一晚对切尔西，巴萨势在必得，摆出了343阵型全力抢攻。第26分钟，巴萨后卫皮克受伤，阿尔维斯替换。切尔西过于顾忌巴萨的中路进攻，被巴萨找到破绽：第35分钟，阿尔维斯左路一脚传球，布斯克茨推射破门，巴萨1比0领先。2分钟后，切尔西队长约翰·特里犯了浑：禁区前沿，他用膝盖顶了巴萨的桑切斯，被裁判红牌罚下。又7分钟后，巴萨反击中，梅西送出直塞球，伊涅斯塔推射入门，2比0。

至此，切尔西已入绝境：总比分1比2落后；身处巴塞罗那；队长被罚下，少一人。

然而传奇上演了。上半场最后时刻，巴萨站位过平，被切尔西一传即透，拉米雷斯轻松挑射破门。切尔西追到1比2。

随后情况又逆转了：双方总比分战成2比2。但切尔西客场进球多一个，因此切尔西必须守住，而巴萨必须再多进一球。

至此进入波澜壮阔的下半场。

第46分钟，戏剧性的一刻出现：法布雷加斯在禁区被绊倒，巴萨获得点球。梅西主罚，一脚把球击中横梁——巴塞罗那媒体赛后翻出"梅西代表巴萨罚点球34次，8次被扑出，本季之前已错失3次点球"的故事，但已经晚了。

2009年的切尔西和2010年的国际米兰，都曾靠顽固防守让巴萨头疼。下半场，切尔西重祭"铁桶阵"，接过特里队长袖标的弗兰克·兰帕德赛后承认："我知道人们想看到美丽足球，但是在场上还剩10人，比赛还剩50分钟的情况下，我们必须这么踢。"

切尔西永远保持6名防守者在门前一字排开成人墙。34岁的兰帕德奔走铲截，34岁的前锋迪迪埃·德罗巴回撤到了切尔西的左后卫位置。切尔西门将彼得·切赫在禁区里驰骋，收走所有的球，然后一脚踢飞，靠德罗巴去拼死抢夺。第56分钟，德罗巴像后卫般断球，人球分过突破普约尔，没过半场就是一脚抽射。第68分钟，作为当世最强壮的球员的德罗巴累抽筋了。第80分钟，德罗巴被换下，托雷斯跑上了场。

此时，比赛还剩10分钟。

路德·古力特，荷兰三剑客之一，曾经的切尔西主帅，在社交网络上说："如果托雷斯今天能进球，我就相信世上有奇迹。"

巴萨已经全线压过中场。但是切尔西的铁汉们死守中路，不让巴萨进禁区一步。第89分钟，托雷斯断球后反击，被布斯克茨断下。这次，

托雷斯直面巴尔德斯

托雷斯没回防。第91分钟，切赫一脚长传，球落在托雷斯脚边。

前方一马平川，只有巴萨的守门员巴尔德斯，以及空荡荡的球门。

托雷斯起跑，奔袭。巴萨后卫追赶不及。托雷斯杀进禁区，晃过巴尔德斯，面前是空门。托雷斯起脚，全英国人民编写的托雷斯空门不进的笑话此时忽然失却颜色——球进了。正处在命运低谷的金童托雷斯骤然奋起，绝杀了巴萨。切尔西赢球晋级，巴萨被淘汰出2012年欧冠。

这一场比赛有太多故事可以讲了——梅西射中横梁的点球，特里的红牌，切尔西的英国式坚韧，德罗巴和兰帕德这对合计68岁的老将的铮铮铁骨。切尔西后卫阿什利·科尔几乎潸然泪下："之前没有人看好我们！"

也许最好的说法，是赛后托雷斯的那句话：

" 足球就是如此，更好的球队并不一定总能获胜。"

两回合巴萨拥有 73% 的控球权，巴萨和切尔西的射门次数为 46 比 12，射中门框次数更是 11 比 4。

但切尔西一如两年前穆里尼奥带领的国际米兰，采取绞肉机防守法和防守反击，挫败了巴萨，就此杀进 2012 年欧冠决赛，并最终夺冠。

关于梅西和切尔西 6 年前的纠葛——2006 年对切尔西之战时，梅西受伤，错过欧冠决赛，事后他说过这样一段话："我从没想过自己会这么说，但我讨厌切尔西甚于皇家马德里。我从没见过还有比阿根廷国内博卡与河床这样的宿敌对战更惨烈的比赛。我更乐意与阿森纳、曼联或其他球队对决，我不想遇到切尔西（这样对抗粗野的球队）。"——至此看来，简直像命运的伏笔。

巴萨在 2012 年 4 月的三连战如此惨烈，过去 4 个赛季瓜迪奥拉身上的压力如此巨大，终于，在 2012 年 4 月 27 日，瓜迪奥拉宣布，他会在赛季结束时离职。

这 4 年里，他为巴萨带来了 13 个奖杯，成为巴萨队史上最成功的教练。但他殚精竭虑，燃尽了自己的一切。的确，带这样一支球队，担负的任务实在过于琐碎而沉重了。

瓜迪奥拉的继任者是蒂托·比拉诺瓦，他是梅西在青年队时的教练。

在瓜迪奥拉道别之际，梅西在 2011—2012 整个赛季射进 50 个联赛进球，创造了全新的西甲纪录。各种比赛他合计攻入 73 球，同样创了欧洲纪录：此前，德国进球机器盖德·穆勒在 1972—1973 赛季为拜仁慕尼黑全年射入 67 球。

梅西的这股进球浪潮，也终于被他带到了 2012 年夏天的阿根廷国家队。

在前一年的美洲杯上失利后，阿根廷新帅亚历杭德罗·萨维利亚上台。他让梅西与马斯切拉诺——这时他俩也是巴萨队友了——担任球队双队长。马斯切拉诺鼓舞队友，梅西以身作则，且获得更多自由。

于是，梅西的国家队进球荒结束了：之前的 2011 年 10 月 7 日，梅西打进了他两年半来在阿根廷国家队的首个进球，之后一发而不可收。2012 年，他为阿根廷出战 9 场，攻进 12 球，追平了阿根廷战神加布里埃尔·巴蒂斯图塔在阿根廷国家队的单年 12 球纪录。2012 年 2 月 29 日对瑞士，他还上演了帽子戏法。

但他终究不如他的巴萨队友们开心。

2012 年夏天，西班牙国家队在欧洲杯卫冕了欧洲冠军，至此成为足球史上第一支三届大赛——2008 年和 2012 年欧洲杯，2010 年世界杯——均夺冠的王者之师。

2012 年欧洲杯，哈维在西班牙 4 比 0 击败爱尔兰的比赛中，送出创欧洲纪录的 136 次传球（其中 127 次到位）。他和伊涅斯塔合计完成 229 次传球，比爱尔兰全队都要多。决赛西班牙 4 比 0 击败意大利，哈维送出 2 次助攻——约尔迪·阿尔瓦和费尔南多·托雷斯进了球。

梅西和伊涅斯塔

但更出风头的是伊涅斯塔。继 2008 年哈维成为大赛最佳球员后，这次欧洲杯，伊涅斯塔拿下了最佳球员。后来阿根廷的天才指挥官里克尔梅如此赞美道："在足球这项运动中，踢得最好的就是伊涅斯塔。他知道何时该进，何时该退。他会选择最合适的时间做好每件事——何时带球，何时加速，何时减速。我觉得这没法教。你可以学习如何射门，如何控球，但要意识到球场上发生的一切，这就是与生俱来的天赋了。"

用瓜迪奥拉的话说，"伊涅斯塔懂得时间与空间的关系"。

这是西班牙与巴萨传切足球的巅峰成就，但巅峰之后，也有了阴影。与巴萨一样，西班牙队史上最辉煌的顶点也到了。此后，一切开始慢慢变化。

2012 年夏天，巴萨除了主帅之外，变化并不大。他们从瓦伦西亚招来了 23 岁的左后卫约尔迪·阿尔瓦，但球队阵容大体保持原样。

这个赛季有一个完美开局。巴萨在 2012—2013 赛季前 6 场比赛中取得连胜，在 10 月 7 日国家德比中 2 比 2 战平皇马，梅西与 C 罗各进 2 球。之后巴萨更一口气连胜到 2013 年 1 月 13 日。

在此期间，梅西不断创造新的纪录。

2012 年 12 月 5 日，在巴萨主场诺坎普，巴萨对葡萄牙本菲卡的冠军联赛开战。本年度已射进 84 球的梅西与本菲卡守门员莫拉埃斯相撞，梅西左膝剧痛，被担架抬下场。那一瞬间，用媒体的话说，诺坎普安静得"如一个庞大的墓场"。后来梅西承认，他当时相信自己"可能有一段时间没法踢球了"。西班牙有媒体开始讨论："梅西的伤势重吗？他已经逼近穆勒的年度 85 球纪录了，还有机会破纪录吗？"巴萨球迷怒不可遏："让

　　　　　　　　　　　　　　　　　　　　　梅西传奇

纪录见鬼去！我们只要梅西健康！"

4天后，12月9日的西班牙甲级联赛，巴萨对阵皇家贝蒂斯。之前一场因伤被担架抬下场的梅西重新出阵时，巴萨球迷们才放下心来。比赛第16分钟，梅西首开纪录便追平进球纪录——年度第85球。第25分钟，伊涅斯塔脚后跟传球，梅西起脚，球旋了一个优美而诡异的角度，从远端门柱内侧射进球门——年度第86球。

此前，1972年，德国名将盖德·穆勒一整年射进85球。于是梅西给穆勒送去一件巴萨10号球衣，签上"致以尊重与敬佩"。

到那时为止，2012全年第36场西甲联赛里，梅西个人进了第56球。其他还包括冠军联赛12场进13球，西班牙超级杯及其他杯赛9场进5球，还得加上他在阿根廷国家队的表现：5场世界杯预选赛进5球，友谊赛4场进7球。他一度有13场比赛进24球的恐怖纪录。本年度，他有一次单场个人进5球，两次独进4球，6次帽子戏法。最可怕的是，他这一年单场梅开二度的场次（20场），比只进一球的场次（15场）还多。

到那时为止，2012年度巴萨一共进了157球，梅西进了74球，占到47.1%；2012年度阿根廷进了23球，梅西进了12球，超过球队总进球数的一半——实际上，他单年为阿根廷进12球，也平了"战神"巴蒂斯图塔保持的纪录。

每当他为巴萨进球时，巴萨有 91% 的概率赢下该场比赛；而他不进球的场次，巴萨胜率不过 47%。每当他为阿根廷进球时，阿根廷全胜；而他不进球的比赛，阿根廷一场都没赢过。这一切，就是这个 24 岁、身高 170 厘米的青年，在 2012 年创造的。

　　就在梅西逼近纪录时，一连串的喜剧事件出现了。

　　梅西一边大破纪录，一边让巴萨在西甲联赛中遥遥领先。此时此刻，最不高兴的显然是穆里尼奥：皇马只排联赛第三，他赛季后要走人的传闻甚嚣尘上，有媒体已经披露他和巴黎圣日耳曼老板接洽的细节。妙在穆里尼奥一边否认他去巴黎的传闻，一边忽然来了这么一出。他先说皇马的前锋本泽马会因伤缺阵，然后说："在我看来，一个在比赛中因伤离场的球员，不能在几天后就找回感觉……但有时候这种事情就是会发生，有时候球员被队友扶着离场，有时候某人会被担架抬下去，但两天后又复出了。在我看来，这种事情不应该发生。"

　　这话明显是在针对梅西之前受伤复出的事。毕竟此时，大家都在说梅西要得到 2012 年金球奖了，而夏天还在为爱将 C 罗拿下金球奖造势的穆里尼奥，此时却冷冷地表示："我才不关心金球奖！"

　　然后巴西媒体出场了。众所周知，巴西与阿根廷在南美素来是冤家对头。贝利对马拉多纳的"王中王"话题闹了多年，梅西这件巴萨 10 号球衣又是从小罗和里瓦尔多这两位巴西天才那里接来的，巴西人还能不酸溜溜？梅西打破纪录不过 3 天，巴西老牌俱乐部弗拉门戈翻开了历史，找到了伟大的"白贝利"济科的数据。俱乐部总监布鲁诺·卢塞纳嚷嚷道：

"梅西创造的纪录不如济科多！1979年，济科一共打进过89球，包括俱乐部81球、国家队7球和友谊赛1球！""如果不是因伤错过了几场，济科一整年可能会打进100球！"

可是几天之后，这个说法也没意义了。2012年12月16日，西甲榜首大战，巴萨4比1大破联赛排名第二的马德里竞技，梅西又梅开二度，在自己本赛季第16场联赛里射进第25球。至此，梅西过去6场比赛，每场都是梅开二度，合计进12球；而本年度进球，已经达到了90个。

穆勒和济科的历史纪录都压不住梅西了，于是足球世界的边陲小国赞比亚跳出来了："戈弗雷·奇塔卢在1972年进了107个球！"

等等，他是谁来着？

奇塔卢生于1947年，1993年逝世，被认为是赞比亚历史上最伟大的球员，5次获得赞比亚年度足球先生，2006年被评为非洲过去50年里最好的200个球员之一。1972年，据说他进了107个球——实际上，赞比亚有些媒体鼓噪，说他那年进了116个球，被官方漏记了。

国际足联最后只得出场，终结了这一切喧嚣。

"奇塔卢的数据不是国际足联的官方纪录。我们并没有记录各国国内每一场比赛的数据库。"

大概，这位奇塔卢先生的所谓年度进球纪录，是赞比亚媒体自己从什么地方收集来的吧。

如此这般，这年冬天，各国媒体关于进球数据的争论此起彼伏。

巴西媒体说，伟大的贝利据传曾在形形色色的合计 1363 场比赛里打进了 1281 个球。而伟大的巴西"独狼"罗马里奥，宣称自己进过 1002 个球；也有媒体说，去掉青年队比赛和非正式友谊赛的水分，他的进球数是 965 个。但这两位都不如巴西的弗雷登里希，这位先生号称自己进过 1329 个球。而据说盖德·穆勒曾在各色名目的 1216 场比赛进里了 1461 个球。还有

　　　　　　　　　　　　　　　　　　　　　　　　梅西传奇

传说，奥地利的约瑟夫·比坎进过 1000 多个球。

甚至有英格兰媒体翻出来说英格兰南部有位叫德里克·梅的老先生，2012 年时已有 74 岁。过去这些年，他踢了超过 2000 场十一人制比赛，超过 700 场五人制比赛。他的进球数已超过 1300 个，而且现在他身为 5 个孩子的爷爷，每周还会踢 3 场球。

但这些都不能掩盖一个事实：

梅西在 2012 年，全年一共射入 91 球，进了吉尼斯世界纪录。

是的，这是吉尼斯世界纪录认证的年度最多进球纪录。梅西在 2012 年被写入历史。

可也就在梅西花团锦簇的纪录之下，阴影出现了。

2012 年 12 月 19 日，巴萨宣布新帅比拉诺瓦的身体出问题了。前一年，2011 年 11 月 22 日，他被确诊过腮腺癌。这是他第二次被诊断出问题了，他的病情恶化了。他接受了 6 周的化疗与放疗，其间助理教练佐迪·鲁拉代理了主教练一职。2013 年 3 月下旬，比拉诺瓦才回到主帅之职。

但那时，巴萨的情况也已经不同了。

问题不在梅西。2013年年初，梅西依靠着2012年的惊人表现，拿下了自己的第4座金球奖奖杯，成为史上第一个拿到4座金球奖奖杯的球员。

问题也不在联赛。巴萨在联赛里继续高歌猛进。虽然2013年2月底到3月初，一周内，巴萨连输给皇马2场比赛，国王杯出局，3月初，守门员巴尔德斯因为吃了红牌后不满，被西甲停赛4场，但其他时候，巴萨在联赛中还是很顺利的。

问题出在2013年的欧冠赛上。在2013年的欧冠比赛中，巴萨艰难赢下了AC米兰和巴黎圣日耳曼——巴萨对巴黎的首战，巴萨旧将伊布为巴黎进了一球——来到了2013年欧冠半决赛，对手是德国巨人拜仁慕尼黑。

拜仁68岁的老帅尤普·海因克斯对巴萨出手了。

2013年4月23日，慕尼黑安联球场，在68,000名球迷的注视之下，巴萨控球率高达63%，却被拜仁以4比0击败。海因克斯教练给了球队更大的自由，允许球员大量换位，以取代前任路易斯·范加尔那套足球战术。他知道前一年切尔西如何压缩巴萨的空间，获得成功。

梅西的老对手德国名将巴斯蒂安·施魏因施泰格搭档哈维·马丁内斯，遏制了巴萨的哈维和伊涅斯塔；拜仁的两翼弗兰克·里贝里和阿扬·罗本，左翼右脚将和右翼左脚将，各自边路穿插。

拜仁在上半场使出伪压迫战术，逼迫巴萨球员大量传球奔跑，消耗体力。普约尔和马斯切拉诺的缺席，让巴萨更是人员短缺。

《卫报》总结说："有些人以为拜仁会尝试以短传方法与巴萨对抗，但最终他们选择瞄准巴萨的弱点。"

　　　　　　　　　　　　　　　　　　　　　　　　　　梅西传奇

托马斯·穆勒独中两元，而拜仁的攻击手，梅西之外的世界著名右翼左脚将荷兰人阿扬·罗本也射进一球——3年前，伊涅斯塔和哈维曾在他面前夺走了世界杯，他也算是报仇了。

2013年5月1日，回到主场诺坎普，巴萨再战拜仁，又以0比3败北。罗本首开纪录，穆勒射进最后一球。两回合0比7，巴萨被拜仁击溃，淘汰出2013年的欧冠赛。

一周后，巴萨还是拿到了2012—2013赛季的联赛冠军。梅西全季32场联赛攻下46球，合计50场比赛射进60球，依然是当世顶尖的表现。但大体而言，这是个让人感伤的赛季。

瓜迪奥拉走后，巴萨没法弥补他的空缺。球队的老化和阵容厚度的下降，让巴萨越发依赖梅西的个人表现。固然梅西还是所向无敌，但作为整体的巴萨在面对强硬对手时——这一年的拜仁，前一年的切尔西，三年前的国际米兰——越发显出被针对的痛苦。越来越多的对手懂得用强硬的踢法应对巴萨的传切。

赛季结束后，阿比达尔宣布离开巴萨，而主帅比拉诺瓦也宣布了离任——他觉得自己罹患癌症，不再适合担任教练了。

不到一年，2014年4月25日，比拉诺瓦逝世，时年45岁。

话说为什么巴萨还是能拿下2013年的联赛冠军呢？

因为那年巴萨的宿敌皇马恰好也有自己的问题。

2013年春天，英超曼城队主教练罗伯特·曼奇尼一语道破了皇马的

梅西和比拉诺瓦

困境："如果穆里尼奥今年还想卫冕，我想他应该把 C 罗送回葡萄牙半年。等 C 罗归来后，他们就能卫冕啦……我不知道，我想这情况挺不同的，但对我们队来说，去年就是这样。我们把特维斯送回阿根廷半年，然后等 2012 年 1 月特维斯归来后，他的状态就好了。"

说这番话时，曼奇尼还带着笑容，一副在说冷笑话的样子。但对当时的皇马主帅穆里尼奥来说，这问题一定不那么好笑。

2012 年 9 月 17 日，0 比 1 不敌塞维利亚后，皇马银河般璀璨的更衣室里吵了起来。Grada360 网站陈述了其中的细节：

穆里尼奥愤怒地炮轰球员一番，然后去开新闻发布会；队长西班牙门神卡西利亚斯发脾气；阿根廷前锋伊瓜因说队内气氛太压抑；副队长西班牙国家队后卫塞尔吉奥·拉莫斯咆哮，指责皇马前场——C罗、伊瓜因、安赫尔·迪马利亚这几人——不参与回防。最后以穆里尼奥从新闻发布会回来后的一声吼收尾。等出了门，皇马助教艾托·卡兰卡发现伊瓜因和法国前锋本泽马还有说有笑，不由得大怒，差点再打起来。

2012 年 9 月初，《马卡报》透露，穆里尼奥试图在皇马队内加强葡萄牙势力，并想让 C 罗当队长，但现任队长卡西利亚斯对此不太开心。皇马有大批西班牙国家队成员——卡西利亚斯、拉莫斯、哈维·阿隆索，他们是皇马老臣，尤其是卡西利亚斯，在队里一言九鼎。而其他外来人，比如 C 罗、本泽马、伊瓜因、卡卡等，多少是客将。穆里尼奥是葡萄牙人，他想树立 C 罗的权威，很是理所当然；而西班牙帮对此的敏感，也完全可以理解。然而这一切并不顺利。终于，2013 年夏天，皇马只排名西甲第二。于是皇马决定请走穆里尼奥，改请沉稳可靠的意大利教练卡洛·安切洛蒂接任主教练。如此，皇马的穆里尼奥时代结束，全新的时代开启了。

C 罗与梅西的对决，进入新篇章。

09. 与世界冠军擦身而过

2013 年秋天，梅西在代表阿根廷对阵巴拉圭一战中，射进他在阿根廷国家队的第 37 球，成为阿根廷国家队历史上的第二射手。那时，在南美世界杯预选赛中，他 14 场比赛为阿根廷打进了 10 球。国内媒体也开始改颜相向，赞美梅西的表现了。

而巴萨则为梅西招来了新的帮手。

2013 年夏天，巴萨意识到了球队的老化：哈维 33 岁了，伊涅斯塔 29 岁了，普约尔 35 岁了。梅西所向无敌，但巴萨不能将一切负担压在他身上。

2013 年 6 月 3 日，21 岁的巴西巨星内马尔出现在巴萨诺坎普球场的 5 万球迷面前。

内马尔·达·席尔瓦·桑托斯，1992 年 2 月出生，从小在巴西踢街头足球。

老爹从他轻盈灵巧的步伐里看出了巨星的未来和亿万财富。11 岁时，内马尔加入了桑托斯俱乐部——那地方出过贝利，出过罗比尼奥，那里所出的人物，都有独自盘带晃过全世界的基因。15 岁，他每个月赚 1 万雷亚尔[①]；一年后，2.5 万。17 岁时，他成了职业球员。

早在 14 岁那年，他就已经到过西班牙，目的地是马德里。那时候，皇家马德里正拥有齐达内、罗纳尔多和罗比尼奥这些明星，但还是对内马尔这孩子颇有兴趣。然而桑托斯队刚把罗比尼奥卖给马德里，不打算继续出让未来。他们果断拍出 100 万雷亚尔，让内马尔留在桑托斯，暂时别打去欧洲的主意。于是，内马尔没能像梅西一样，早早进入欧洲足球的环境。

内马尔在诺坎普亮相

[①] 巴西发行的货币。1 巴西雷亚尔约合 3.65 元人民币（参考 2007 年 2 月汇率）。——编者注

梅西传奇

但是，金子在哪里都能发光。

2009 年，内马尔成了职业球员。第一个赛季，他为桑托斯踢了 48 场，进了 14 球。2010 年 4 月，他在一场 8 比 1 大胜的比赛里独进 5 球，全巴西都开始谈论这个少年。也就在那年秋天，巴西人开始拿他跟罗比尼奥和贝利比较了——他们的身高都是 172 厘米左右，都是桑托斯队出身，而且都有玩弄对手的华丽盘带技术。

那时英超的西汉姆联队砸出 1200 万英镑，想把他买了去；切尔西更豪迈，砸出 2000 万英镑。桑托斯摆手：不卖！内马尔很识趣，对媒体高呼"我爱桑托斯"。

但巴西全国都明白了：这孩子，就像"外星人"罗纳尔多、小罗、卡卡等巴西天才一样，终是会去欧洲的。这是巴西伟大天才的宿命。像贝利一般长留桑托斯？那是半个世纪之前的传说了。

实际上，内马尔的经纪人温格·里贝罗在 2010 年秋天就放了话：

❝ 内马尔想成为世上最好的球员！留在巴西，这个梦想实现的可能性是零！❞

2010 年，内马尔已经成了巴西国内联赛之王。60 场比赛，他进了 42 球。人红是非多，巴西人都开始把他当巨星挑剔了：他太爱盘带了；被铲倒时，有假摔倾向；被教练剥夺首席点球手资格时，面露怒色，还和自己球队的队长德拉塞纳吵架。

2011 年南美解放者杯的历程中，内马尔为桑托斯进了 6 球，包括决胜战的一记关键进球，让桑托斯时隔 48 年后再捧南美解放者杯——1963 年是桑托斯此前最后一次成为南美之王，而那时的队中王牌是贝利。2011 年 12 月，内马尔赢下了 2011 年度南美足球先生——那时他还没满 20 岁。

于是巴西媒体翻出无数细碎的历史，将内马尔与贝利比较。他是南美最好的球员，他像是贝利的影子。如果说曾经的 2007 年金球奖得主卡卡这样的巨星——高挑、简洁、明快，奔袭迅速，对团队无私——并不像个典型的巴西球员，那么内马尔就是最典型的巴西球员：个子不高，灵巧、华丽、妖异，观赏性十足。他不像卡卡可以靠变线和蹚球快速奔袭，也不像梅西可以靠小幅度变向连续过人。他喜欢用脚后跟挑球，玩踩单车、钟摆式移动这些花式玩意，跟对手玩一对一，然后羞辱戏要对手。他有典型的巴西式表演欲，享受细节和过程胜于结果。

可这也是欧洲足坛对他将信将疑的症结所在。

巴西和阿根廷有过太多天才，在南美洲时才华横溢，到了欧洲却水土不服。他们的症结大都相似：不习惯欧洲的凶猛对抗，不习惯欧洲的严谨战术，不习惯欧洲的团队要求。内马尔在巴西所向无敌，可是上了欧洲舞台，能习惯吗？

2012 年，内马尔承认：此前听到切尔西 2000 万英镑的报价时，虽然他还是力陈自己要久留桑托斯，但不免内心窃喜。和所有巴西人一样，他的偶像自然是贝利，但具体踢球时，他喜欢的对象是 C 罗、哈维和伊涅斯塔。

"我喜欢看出色的足球……我总在试图让自己完美。盘带、射门、头球、控球，你总能想法子提高自己。"

他确实提高着自己。2012 年，内马尔继续代表桑托斯统治巴西各类比赛，而且被选进了巴西国奥队。在伦敦奥运会上，英国人被他的脚后跟助攻、传中和 25 米任意球射门晃得眼花缭乱。2012 年，他再一次当选南美足球先生。"外星人"罗纳尔多认为内马尔离成为世界第一还有 3 年，"白贝利"济科直接认为"他是梅西和罗纳尔多那样的一流球员——都能够使比赛发生些奇迹"。贝利甚至念叨"内马尔假摔也是情有可原的"，因为"他那么瘦弱，经不起太多冲撞。必须要让裁判注意到对手对他的侵害，并且保护他"。

内马尔和梅西，也有一点相似：

> 他们都是从一个球性精熟、飘忽如风的精灵开始，以盘带突破为立身之本，然后逐渐增加新的武器：任意球、远射、无球走位、传威胁球、策动进攻……从边锋打起，习惯中锋、前腰、影子前锋等各类位置。当然，梅西比内马尔更简洁与高效。但巴萨觉得，内马尔还年轻，还有潜力。

从巴萨的角度来看，内马尔和梅西如果能够擦出火花，就可能打造出足球史上最璀璨夺目的组合。这种回报是绝大的诱惑，过于迷人，令人难以抗拒，甘愿冒险。一如济科所说，这样的天才，"只要创造出一点点奇迹，就能够点亮整个球场"。

于是，巴萨砸出了5700万欧元的身价，将内马尔拉来了巴塞罗那。

2013年7月3日，梅西和内马尔各自带着阿根廷国家队和巴西国家队，作为对手，在秘鲁首都利马踢了场友谊赛。梅西踢进了2球，内马尔回以2球，包括一记45米外的吊射得分。

接下来，回到巴萨，他们要当队友了。

内马尔到巴萨一个月后，巴萨的博扬去了荷兰的阿贾克斯——他后来承认，因为巴萨教父克鲁伊夫，他决定去阿贾克斯试试，毕竟阿贾克斯是克鲁伊夫来巴萨之前的母队。

32岁的大卫·比利亚在为巴萨3个赛季出场119次，射进48球后，被送去了马德里竞技。随着比拉诺瓦教练的离去，巴萨需要一个新的主教练。终于，2013年7月23日，巴萨决定让纽维尔老男孩前主帅赫拉多·马蒂诺接任主帅。

也是在这个夏天，瓜迪奥拉选择去了德甲巨人拜仁慕尼黑。他需要一个熟悉自己体系的中场，于是拜仁以2500万欧元的价格从巴萨买走了22岁的蒂亚戈·阿尔坎塔拉。从长远来看，这对巴萨的中场不算好事。

巴萨完成了又一波更新换代，开始了 2013—2014赛季。

2013—2014赛季，巴萨以7比0大胜莱万特开始了联赛旅程。9月1日，巴萨对阵瓦伦西亚，梅西上半场就完成一个帽子戏法，带队取胜。9月18日，对阵阿贾克斯，梅西完成了自己代表巴萨的第24个帽子戏法，也成了欧

内马尔和梅西

冠历史上第一位完成 4 个帽子戏法的球员。至此，他在欧冠中已进 62 球，排名史上第二，仅次于皇马的传奇人物劳尔·冈萨雷斯。3 天后，巴萨以 4 比 0 击败巴列卡诺队。于是，自 2008 年 5 月 7 日对皇马的国家德比以来，连续 315 场比赛，巴萨的控球率都高过对手。

这是他们传切控球战术的终极胜利。

一周后，巴萨完成了联赛开局 6 连胜，梅西前 6 场射进 8 球。但他的右脚受伤了，被迫休息。

新来的内马尔到 2013 年 10 月才找到感觉，10 月 26 日的国家德比，他打进 1 球，让巴萨以 2 比 1 击败皇马。在梅西受伤期间，内马尔与桑切斯为巴萨不断攻城拔寨，内马尔不停地证明：巴萨为他砸的 5700 万欧元是值得的。

但进入 2014 年后，巴萨开始频频输球。不是进攻的问题，而是因为球队的后场厚度不足，防守逐渐支撑不住了。毕竟内马尔的到来提升了进攻，但中后场，巴萨的球员还是原来那几位。

2014 年年初，还发生了另一件事。2014 年 1 月 13 日，C 罗拿到了 2013 年度国际足联金球奖。这是继梅西连续 4 次获得金球奖后，第一次有另一个人举起了年度金球奖奖杯。

C 罗上一次得奖，已是 2008 年，那时他 23 岁，还在曼联领薪水，一定想不到当时站在他身边的梅西，会包揽之后的 4 座金球奖奖杯。

再得奖时，C 罗马上就满 29 岁了。

实际上，此前 4 年，C 罗和梅西上演着"既生瑜何生亮"的戏码。

2009 年的 C 罗以当时世界第一的转会身价去了皇马，但梅西却在那年随巴萨拿了六冠王；

2010 年的 C 罗带领皇马打出创队史纪录的西甲联赛 96 分，但架不住梅西带队积下 99 分夺冠；

2010—2011 赛季，C 罗创纪录射入 40 球，可是梅西又拿了冠军杯冠军；

2011—2012 赛季，C 罗轰下了匪夷所思的西甲 46 球，但还是输给了梅西……

终于在 2013 年下半年，C 罗连续不断地进球，而梅西受伤了——2013—2014 赛季前半段，梅西因伤只踢了 16 场比赛，进 14 球。

C 罗则在新帅安切洛蒂上任后继续威风：27 场比赛进 21 球。再加上 2013 年后半段，葡萄牙国家队的世界杯预选赛中，C 罗对北爱尔兰上演帽

梅西和 C 罗

子戏法，在附加赛中又以一个帽子戏法干掉瑞典——完美的个人英雄表现。2013 年，C 罗一共进了 69 个球。

拜仁慕尼黑的法国人弗兰克·里贝里和梅西、C 罗一起，是 2013 年度金球奖三大候选人。里贝里 2013 年代表拜仁慕尼黑打出传奇的五冠王，包揽欧洲冠军杯、德甲、世界俱乐部杯、欧洲超级杯、德国杯等一切可以拿到的冠军，他也的确被欧洲足联封为 2012—2013 赛季的欧洲最佳球员。2013 年的拜仁慕尼黑破了 30 项德甲纪录，成为德甲 50 年来最成功的球队。当然，最后里贝里输了。有媒体认为，这有点像 2010 年，梅西压倒了斯内德。

但梅西无心思考这些了，巴萨在 2014 年年初诸事繁杂。2014 年 1 月，罗塞尔主席离任，约瑟普·巴托梅乌接任巴萨主席。

2014 年春天，巴萨对阵巴列卡诺，将满 27 岁的梅西第一次戴上了巴萨队长袖标：普约尔即将离去，球队得越来越倚重他了。这也显出来巴萨对梅西的依赖达到了无以复加的地步，无论场上还是场下。

但这也加重了梅西的负担。在此前 4 年的高负荷出战、破纪录进球之后，梅西的伤病越来越多。

2014 年 3 月 23 日，马德里的国家德比，梅西上演帽子戏法，加上伊涅斯塔的进球，巴萨以 4 比 3 击败皇马。但比赛颇为惊险。

伊涅斯塔首开纪录后，皇马的本泽马和迪马利亚一度让皇马以 2 比 1 领先。梅西第 42 分钟进球追平比分后，C 罗的进球又让皇马以 3 比 2 领先。

终于，梅西在第 65 分钟和第 84 分钟连进 2 球，巴萨才险胜。

又一周后，2014 年欧冠 1/4 决赛，巴萨对阵迭戈·西蒙尼率领的马德里竞技。

迭戈·西蒙尼是阿根廷人，球员生涯时是个强硬的中场，这份强硬被他带到了教练生涯中，为他赢来了重视细节的名声。他喜欢 442、4141、4231 等阵型，以求稳为上。他喜欢紧缩球队的防守空间，遏制对方中路渗透，逼迫对方走两边路，然后自己打出反击。他很善于打造有纪律的铁军。

对这样的球队，巴萨一向很头疼：当年的国际米兰、切尔西和拜仁，都是如此的钢铁之师。实际上，由于 2008—2012 年间，巴萨和西班牙过于所向无敌，传切战术过于耀眼，全世界出现了另一波反制：越来越多的球队会维持严密阵型、强硬对抗、压缩空间、快速反击的机械化踢法。

巴萨对马竞首回合战成 1 比 1。次回合，马竞依靠中场科克的进球以 1 比 0 获胜。巴萨 2014 年的欧冠之路到此结束。

梅西的身体快要支撑不住了。前一年，队友皮克如是说：

> 莱昂是当世最好的球员，局势不利，你就得依赖他。即便他状态平平，他站在场上，都够让我们踢好球了。

但这份依赖也在消磨着梅西的身体。

2014 年 5 月 12 日，他连续 21 场联赛射进 33 球的纪录，因伤中止了。5 月 17 日，巴萨在联赛中对阵马竞：马竞只要不败，便是联赛冠军。桑切斯 33 分钟进球，让巴萨 1 比 0 领先，但马竞的后卫迭戈·戈丁追平，最后两队一直磨到 1 比 1 终局。

皮克与梅西

巴萨联赛屈居第二，马竞拿下联赛冠军。继欧冠对战马竞败北后，巴萨在联赛中也被马竞扼杀了。

当然，在之后的 2014 年欧冠决赛中，马竞输给了皇马。C 罗拿到了他的第 2 个欧冠冠军。

值得一提的是，之前的 2012—2013 赛季，C 罗为皇马在联赛中 34 场进 34 球，欧冠 12 场进 12 球，加上代表葡萄牙出战 9 场进 10 球，拿下了 2013 年度金球奖。2013—2014 赛季，C 罗代表皇马拿下个人第 2 个欧冠冠军，加上全季欧冠射进破纪录的 17 球，以及联赛 30 场进 31 球的表现，之后，他蝉联 2014 年金球奖。

本来到 2012 年年底，梅西拿到 4 座金球奖奖杯时，C 罗只有 1 座金球奖奖杯；2012—2014 两个赛季，C 罗用他在球场上的出色表现连夺 2 座金球奖奖杯，此时 C 罗已有 3 座金球奖奖杯了。

结束了2013—2014赛季巴萨的比赛后，梅西来不及休息，就又去了阿根廷国家队。当时连一向刻薄的阿根廷媒体都对梅西生了恻隐之心，一度担心他的身体，担心他是否疲惫了：之前一个赛季，他联赛31场进28球，合计46场进41球。对其他人而言，这是不可思议的表现，但对梅西而言，却算是下降了……毕竟此前4个赛季，他的总进球数可是47、53、73和60球。

但2014年世界杯到来时，梅西的状态出人意料地好。

2014年世界杯小组赛，最亮眼的是东道主巴西队的内马尔：他3场进4球，没辜负球衣背后的巴西10号和多年来巴西人民"贝利接班人"的重托。对克罗地亚，巴西后卫马塞洛乌龙先丢1分，内马尔一个远射一个点球，完成反超。对喀麦隆，内马尔首开纪录，在喀麦隆扳平后，立刻再入一球重新取得领先。

4个进球都很重要，不是锦上添花凑数据的。

与此同时，巴西全队都气势很足。

内马尔所进4球，对克罗地亚的第2个进球是点球。其他3个进球，对克罗地亚的第1球，是前场逼抢成功后，大踏步突破，然后用左脚射出一记里瓦尔多式的贴地射门，得分；对喀麦隆的第1球，是队友前场逼抢后送出横传，他包抄推射入门；对喀麦隆的第2球，是巴西中场断下球推给他，他冷静地带球推进，右脚低射中路得分。

这些显出他是个技术全面的天才：左右脚都能得分，能盘带，能抢点，嗅觉灵敏，有杀手本色，盘带娴熟轻盈，关键时刻靠得住……但如果将视野放广一点，你会发现：内马尔的3个运动战进球，无一例外，是巴西的中前场逼抢完成后的就地反击。对喀麦隆的第1球来自鲁伊兹的逼抢，第

2 球来自马塞洛的截断。

是的，巴西队可以踢出大量的中前场就地逼抢和出球，用快速的小组战解决问题。

另一边，阿根廷国家队的梅西也是 3 场进 4 球，但情况大不一样。

2014 年世界杯首战，阿根廷对决波黑。27 岁的队长梅西先助攻西德·科拉希纳茨进球，再独自带球晃过对方 3 名球员，打进第 2 球。阿根廷以 2 比 1 取胜。

第二战阿根廷对伊朗，补时阶段，梅西 25 米外远射，阿根廷 1 比 0 取胜。第三场小组赛，梅西梅开二度，包括一个任意球得分，阿根廷以 3 比 2 击败

2014 年世界杯，阿根廷以 2 比 1 战胜波黑，进球后庆祝的梅西

梅西传奇

尼日利亚。

至此，3 场比赛，4 个进球。阿根廷三战全胜，小组出线。

然而结果很好，场面很糟：对波黑，阿根廷无法顺利推进，除了安赫尔·迪马利亚外，没有流畅的通道，中后场脱节，逼迫梅西不断回后腰位置开始盘带；对伊朗，伊朗人果断堵塞中路，随时保持正面 4 人配置，让阿根廷人无从喘息。

此时走在世界前沿的队伍，都在用大批灵活全能的复合型中前场自由人，构筑前场逼抢加就地进攻的新套路。

而阿根廷则处于比较尴尬的境地：萨贝拉教练很努力，但阿根廷缺乏前场逼抢能力和就地快攻能力，总是慢吞吞地展开阵地战，然后指望梅西

梅西突破荷兰队的多人围剿

变点戏法。

于是小组赛结束后，虽然梅西和内马尔各自闪耀，但南美媒体都更看好巴西——当然也因为巴西是东道主。

1/8 决赛，阿根廷被瑞士拖入加时赛。比赛第 118 分钟，梅西送出关键助攻，迪马利亚进球，阿根廷以 1 比 0 获胜过关。然后阿根廷又依靠伊瓜因的进球，以 1 比 0 击败比利时，24 年来首次晋级世界杯四强。

上一次阿根廷进世界杯四强，还是 1990 年，由马拉多纳带队。

半决赛，阿根廷对阵上届亚军荷兰，双方 0 比 0 战平。双方都严谨、细致、一丝不苟地控制场面。

阿根廷时刻保持 3 个中卫，防守时 5 个后卫、3 个后腰收缩，30 米内铺开，对渗入阵线的任何荷兰人采取 2 人以上夹击，马斯切拉诺负责解决一切漏网之鱼；哪怕反击，也不求有功但求无过，一旦丢球，阿根廷便如释重负般退防；而荷兰则指望右路的罗本突破，中路 3 个后卫也不轻易压上。双方互相缠磨，踢到 0 比 0。最后点球决胜负。梅西第一个为阿根廷出场打进点球，阿根廷门将塞尔吉奥·罗梅罗神勇扑出荷兰队的 2 个点球——其中一个正来自 4 年前与梅西产生纠葛的斯内德。阿根廷最后以 4 比 2 击败荷兰，晋级 2014 年世界杯决赛。赛后阿根廷媒体认为罗梅罗的扑救堪称"上帝之手"——这个词上一次使用，还是指 1986 年马拉多纳对英格兰的那个妖异的手球呢……

而另一边的半决赛，华丽的东道主巴西队遭遇了世界杯足球史上的经典战役——德国 7 比 1 将巴西打崩了。这场比赛，巴西少了内马尔和王牌后卫蒂亚戈·席尔瓦，坐镇主场的他们被德国的高效率身后球打翻了：德国前29分钟就实现5比0的领先，全场7比1，第90分钟巴西才靠奥斯卡挽回一球。

接着，来到2014年世界杯决赛，阿根廷对德国。

这是马拉多纳1986年和1990年曾带领阿根廷队到达过的舞台——凑巧的是，1986年和1990年世界杯决赛，马拉多纳带领阿根廷对阵的也是德国。

2014年世界杯决赛，梅西对面也是德国。

而德国队中，遍布着他在巴萨时的老冤家——拜仁慕尼黑的德国巨星。

> 1986年和1990年，阿根廷对决德国，被认为是当世最好的球员（马拉多纳）对决当世最好的团队（德国）。2014年，同样如此。

2014年世界杯决赛，在巴西里约热内卢的马拉卡纳球场展开。到场观众7万多人，据说全球观看直播的球迷超过10亿人。

比赛第9分钟，梅西右路突破德国大将马茨·胡梅尔斯传球，但被施魏因施泰格破坏。比赛第20分钟，阿根廷有了个机会：德国中场大将托尼·克罗斯失误，阿根廷前锋伊瓜因获得机会与德国门将曼努埃尔·诺伊尔一对一，但射门偏出。CBS体育评论认为这是"最好的机会"。阿根廷则有媒体认为，那一瞬间证明，"这一天不属于阿根廷"。10分钟后，伊瓜因接球得分，然后发现自己越位了。

梅西在上半场结束前两次威胁球门，一次射门被施魏因施泰格挡出，另一次射门被博阿滕球门线解围。

下半场，阿根廷换上了前锋塞尔吉奥·阿圭罗。下半场开始后，梅西面对诺伊尔射门打偏。之后双方开始疲劳，用《卫报》斯科特·穆雷的话说，上半场虽没进球，但精彩纷呈，下半场"没有进球，也没那么精彩了"。第75分钟，梅西一脚射门瞄准球门左上角，偏出了。

90分钟比赛结束，双方战成0比0。德国队换下了他们的传奇射手米罗斯拉夫·克洛泽，这是他的最后一场比赛了——他迄今保持着世界杯总进球16个的最高纪录。

拖入加时赛，双方都已体力耗尽。梅西和阿圭罗试图突破二打三，但博阿滕还是阻截住了阿根廷的追击。加时赛中途，《卫报》的评论员们觉得，阿根廷诸将已经无力进攻，"可能已经在考虑点球"。

比赛第113分钟，德国的安德烈·许尔勒送出传球，马里奥·格策胸口停球，左脚凌空抽射，德国队终于取得进球：1比0。

之后梅西的一个任意球高过横梁，德国以1比0艰难地赢下了决赛，拿下队史上第4个世界杯冠军。

而梅西与1990年的马拉多纳一样，看着阿根廷败给德国。

成都商报的摄影记者鲍泰良当时拍下了一张关键照片：梅西在败北之后，面无表情地注视着世界杯冠军的大力神杯。那时他和冠军相去咫尺，但远隔天涯。谁都能感受到他的渴望与遗憾。这张照片拍得如此传神，夺下了2015年度世界新闻摄影比赛体育类一等奖。

赛后，梅西因为4个进球、1个助攻，比赛阶段创造最多机会，完成最多过人，送出最多直塞球，以及带队杀到决赛，被评为世界杯金球奖最佳球员。

但没得到冠军，依然令他遗憾。而远在阿根廷的马拉多纳还唠叨说，哥伦比亚的哈梅斯·罗德里格斯才该拿金球奖，梅西得奖是所谓"营销手段"。

拿下世界杯亚军，依然要被絮叨——这就是梅西面对的压力。

对阿根廷人而言，不复刻马拉多纳的成功，就不能算是酣畅淋漓。以至于得到世界杯亚军，阿根廷媒体依然不太愉快。他们只能翻来覆去拿1比7败给德国的事去嘲讽隔壁的巴西人了……

而梅西在与世界冠军失之交臂后，又得回去继续支撑巴塞罗那了。

还好，接下来一年，命运会对他友好一些。

与大力神杯一步之遥

10. MSN 组合

2014 年秋天，梅西回到了巴萨。

这一年，球队算是完成了更新换代。

之前的 2014 年 5 月，1999—2014 赛季始终在队的老队长普约尔离开了。守门员巴尔德斯合同到期了。马蒂诺教练离职，新帅是巴萨旧将路易斯·恩里克。

稍后的夏天，法布雷加斯去了切尔西，桑切斯去了阿森纳。巴萨从塞维利亚买来了克罗地亚中场伊万·拉基蒂奇。然后是重磅新闻：2014 年 7 月 11 日，巴萨宣布，他们以7500 万欧元的身价从英超利物浦买来了 27 岁的乌拉圭前锋路易斯·苏亚雷斯。

苏亚雷斯 1987 年 1 月生，比梅西大半岁。有趣的是，他来巴萨时，正带着点诡异的名声。

4 年前，也就是 2010 年的秋天，他效力于荷兰阿贾克斯时，对阵埃因霍温，他踢急了，忽然张嘴咬了对方球员的肩膀，被停赛 7 场。这事之后，阿贾克斯吓坏了。本来在此之前，苏亚雷斯刚带队拿了亚军，单季攻进 49 球，还当选了荷兰足球先生，但咬人之后 3 个月，阿贾克斯就把他卖给了英超的利物浦。

苏亚雷斯的古怪脾气并未改变。2011 年 10 月 15 日，他代表利物浦出战，主场 1 比 1 战平曼联。苏亚雷斯和曼联后卫帕特里斯·埃弗拉各

苏亚雷斯

梅西传奇

显十八般武艺，摸爬滚打，气急上火，于是苏亚雷斯骂埃弗拉道："黑鬼！"赛后，埃弗拉对法国电视四台说，苏亚雷斯念叨这词不下 10 遍："那么多摄像机都看见了！"

经过 2 个月的调查听证，英格兰足总杯做出决定：苏亚雷斯停赛 8 场。这事一度引发了巨大讨论：利物浦俱乐部表示"非常震惊""极其失望"。

时光快进到 2013 年 4 月 21 日，利物浦主场对切尔西。苏亚雷斯下半场第 7 分钟助攻队友得分，让利物浦追成 1 比 1 平，成了英雄；5 分钟后，他却又在己方禁区手球，送切尔西一个点球，目送对手以 2 比 1 领先，成了"狗熊"；然后他又在补时阶段第 7 分钟进球绝杀，射入个人 2012—2013 赛季联赛第 23 球，再次成了英雄。可是赛后英足总认定苏亚雷斯张嘴去咬了——对，又是咬——对方后卫布拉尼斯拉夫·伊万诺维奇，于是苏亚雷斯又被停赛 10 场。

可是 2013 年秋天复出后，他照样进球：联赛前 12 场，他打进 19 球。2013 年最后一战，在斯坦福桥对切尔西，苏亚雷斯跟从皇马回到英超来执教切尔西的穆里尼奥掐上了。比赛最后时刻，切尔西 2 比 1 领先，苏亚雷斯禁区里摔倒，哭丧着脸念叨，是切尔西前锋埃托奥从背后推了他。穆里尼奥在场边见此情景，气急败坏，冲到边线狂叫，指着苏亚雷斯咆哮，指责他假摔。赛后，穆里尼奥不依不饶："我一直喜欢看苏亚雷斯踢球，我爱他的资质、投入精神和野心。但英国是个不一样的国家！我不是英国人，但我觉得我有义务保卫一些足球里的准则！英国足球里很好的一点是，我们不喜欢假摔！"

这就是路易斯·苏亚雷斯。

他是个走位妖异、技巧全面，除了速度不算特别快之外，无可挑剔的前锋，但他似乎是个邪派高手：他神奇的进球效率和全面的技巧背后，是他的假摔传闻和咬人经历。

按说他似乎是个猛兽，可私下里，他又和自己的妻子索菲亚琴瑟和谐。他还很爱女儿，每次进球都要吻手腕上文的女儿的名字。至于外界怎么批评他，他不在乎，他一直拒绝改变本性。

" 我想变得更好，但不想改变自己的本性。"

实际上，他的技艺是如此杰出，以至于穆里尼奥在抨击他后，也承认："（虽然有那么多毛病，但是）全世界都想买苏亚雷斯。"

2014 年世界杯，苏亚雷斯又咬人了：乌拉圭对意大利，他进球淘汰了意大利，可同一场比赛里，他咬了意大利后卫乔治·基耶利尼。又是同一场比赛，又当英雄又出丑闻。此前对英格兰，他独中 2 球。所以意大利和英格兰媒体都对他大为不满，恨得牙痒痒。阿森纳的老帅温格总结得很好："苏亚雷斯私下人很好，对手恨他，队友爱他。"

也许在苏亚雷斯体内，始终生活着一个在蒙得维的亚街头奔跑的小男生。他靠跟人厮打过活，从来拒绝改变。他这种善于用假摔让对手倒霉的机灵鬼，绝不会平白让裁判抓自己的把柄。只能说，他的精美技巧、狡猾假摔，包括如今的气急咬人，都是在高压和烦躁之下的本能反应。在体力消耗巨大、心情极度烦躁、压力巨大的情况下，他会被最原始的力量驱动。

但巴萨决定买下他：试试看！万一他踢得好呢？

梅西、内马尔和苏亚雷斯

获得了苏亚雷斯之后，2014—2015 赛季联赛开局，巴萨 7 胜 1 平。梅西的进球效率依旧很高，8 场联赛射进 7 球。好在内马尔在巴萨的第二年找到了感觉，左路突破随心所欲，前 8 场联赛甚至射进了 8 球。

当然巴萨也不是一帆风顺。就在 2014 年年底到 2015 年年初，西班牙媒体一度怀疑：恩里克教练不适合梅西？

此前，瓜迪奥拉教练走后，巴萨的主帅是比拉诺瓦与马蒂诺。比拉诺瓦依然保持着控球战术，所以巴萨打弱队随心所欲，冠军杯打强队却略微头疼；马蒂诺希望让球队放弃一些球权并增加边路闪击，结果整个赛季四大皆空。

而恩里克呢？

他的思路与马蒂诺一脉相承：防守，用高位逼抢；减少无效持球，加强反击效率。

2014 年 10 月 25 日，巴萨在国家德比中以 1 比 3 输给皇马。皇马的快速反击加两翼冲刺，让巴萨的防守出现了破绽。皇马后卫拉莫斯认为，"当巴萨不控球的时候，他们显得很迷惘"。

2009 年以来，足球世界便在讨论：当巴萨遇到强硬的、迅速的、切割空间的球队时，该怎么办？《世界报》说，巴萨在其他时候横扫天下，但在遇到皇马级别的队伍时就平庸了——这才是比较让人担心的。

但恩里克教练没有气馁，他切实地展开自己的工作。

与此同时，梅西找到了新位置。

2014 年 10 月底，欧洲足坛的热门话题是：C 罗已经在欧冠射入 70 球，梅西 69 球，而历史纪录则是皇马传奇球星劳尔创造的 71 球，谁能够率先扳平甚至打破劳尔的纪录呢？

之后，2014 年 11 月，梅西重新提醒了世界：他是独一无二的。

巴萨对阿贾克斯之战，梅西独中两元，以 71 球平了劳尔的历史纪录。巴塞罗那人民很高兴：劳尔当年在皇马用 144 场联赛才进了 71 个球，梅西进 71 球只用了 90 场！

然后 11 月 22 日，又一个刷新历史纪录的时刻到来了。

巴萨主场对阵塞维利亚之前，媒体计算：梅西已经握有 250 个西甲联赛进球了。而西甲的历史纪录，是前毕尔巴鄂竞技队的前锋特尔莫·萨拉保持的 251 球。当然了，梅西接近的一向是这类尘封已久的纪录。实际上，萨拉进他的第 251 个西甲进球是 1955 年的事，那年离梅西他父亲出生都还有 3 年呢。

当天比赛第 21 分钟，梅西左脚送出一记任意球，一道弧线划过塞维利亚队人墙，球直入球门——梅西打进第 251 个西甲入球，平了历史纪录。

第 72 分钟，梅西近射得分，第 252 个球。6 分钟后，他在禁区线附近一脚凶猛的低射，帽子戏法，第 253 个球。

西甲进球数的新纪录，归梅西所有了。

巴塞罗那全队把梅西举起，抛向天空，让他沐浴在球迷们的歌声中。队长哈维说："我们都很为梅西高兴，他创造了如此惊人的历史纪录。"

而场边记者则在忙别的，他们忙着统计梅西的进球数据。梅西第 1 个西甲进球，是在 2005 年 5 月巴萨对阵阿尔巴塞特时收获的。自那以来，梅西用了 289 场西甲比赛，射进了 253 个球。其中，206 个球来自他经典的左脚，38 个球来自右脚，8 个球来自头球，还有 1 个球是他用胸部将球挡入球门。

并且，梅西在西甲已经完成了 102 次助攻，按照他当时 12 场 7 助攻的效率，这纪录到明年春天也就差不多该破了……

但梅西在忙些别的事情。

他在社交网络上留言，感谢了所有支持他的球迷。"当我打进对阿尔巴塞特那个球时，我绝对想不到自己有一天可以创造西甲进球纪录。"他说他把这个纪录"献给那些已经不在我们身边的人"。很显然，他是指 2014 年 4 月逝世的巴萨前教练比拉诺瓦，他是梅西最早的指导者，最坚定的支持者。

比较有意思的是，《体育报》在周日放出的大标题并非"梅西的新纪录"，而是："永远别走，莱昂内尔！"

那是因为巴萨内部人员更迭频繁，也有媒体传言，梅西可能会被放弃。虽然这听来荒诞不经，但巴萨球迷禁不起这个。

这股风潮让哈维都专门来说了一嘴："梅西很高兴留在巴萨，你今晚可以看到这一切。如果梅西开心了，巴萨也就开心了。"

梅西的进球纪录再一次提醒了世界：

他对巴萨、对西甲，具有多么重大的意义，他是活着的传奇和纪录。

3天之后的欧冠赛场，巴萨对阵塞浦路斯的希腊人竞技。第37分钟，梅西前插到位，接传球右脚低射破门——他的第72个冠军杯进球。

然后，面对出击的门将，梅西右脚挑射，远门柱入球。之后，他又接佩德罗的传球低射得分。

这是梅西职业生涯的第31个帽子戏法，也是他3天里的第2个帽子戏法。

3天前的帽子戏法让他射入了西甲创纪录的第253球，而3天后的帽子戏法则让他收获创欧冠历史纪录的第74球。

巴萨球迷不在意高层那些琐碎的算计，他们在意的是梅西。梅西、恩里克教练和巴萨的高层一定也对此心知肚明。所以梅西的这两个帽子戏法和这两个纪录，不仅一扫"这个赛季梅西进球稍微少了点啊"的阴云，也再一次提醒众人：梅西是多么独一无二。

当他打进自己的第253球而被巴萨全队举起，接受球迷鼓舞时，那与其说是祝贺，不如说是示威。据说远在阿根廷的《号角报》都念叨了一句：

> **如果梅西开心了，整个巴萨也就开心了。**

那年冬天，苏亚雷斯开始为巴萨出场。于是2015年1月到2月，巴萨获得联赛六连胜，而且不再只是梅西和内马尔负责一切了。

3比1击败马德里竞技之战，内马尔、苏亚雷斯与梅西各有1球进账。

4 比 0 击败拉科鲁尼亚之战，梅西一个帽子戏法。

6 比 0 击败埃尔切之战，梅西和内马尔各进 2 球。

3 比 2 击败比利亚雷亚尔之战，内马尔和梅西各进 1 球。

5 比 2 击败毕尔巴鄂竞技之战，梅西、苏亚雷斯、内马尔又各进 1 球。

5 比 0 大破莱万特之战，梅西一个帽子戏法，内马尔和苏亚雷斯各进 1 球。同时，这场比赛，梅西送出西甲生涯第 106 次助攻，打破西甲助攻纪录。

2015 年 2 月 21 日败给马拉加后，直到赛季结束，巴萨在联赛中再未败北，剩下的 14 场比赛 12 胜 2 平。2015 年 3 月 8 日，巴萨对巴列卡诺，梅西在 11 分钟内完成了帽子戏法，这是他完成最快的一个帽子戏法。

进入春天，巴萨甚至出现了 6 比 0 大破赫塔菲，再 8 比 0 大破科尔多瓦的华丽胜局。两场比赛，苏亚雷斯进 5 球，梅西进 4 球，内马尔进 2 球。

媒体开始用梅西、苏亚雷斯与内马尔名字的缩写——MSN 来形容这天下无敌的三叉戟了。

踢了 5 年中路后，梅西在这个赛季回到了右路。按照英国《卫报》的说法，苏亚雷斯承认，那是梅西自愿让位。

内马尔居左，梅西居右，苏亚雷斯居中。

内马尔的突破华丽又爆发力十足，苏亚雷斯的走位和射门妖异聪慧，梅西则无所不能，他们组成了足球史上最惊人的攻击线。对手的后防线头疼至极：面对 3 个风格迥异却都无所不能的攻击手，你到底怎么办？

甚至欧冠小组赛的死亡之组——巴萨与法甲冠军巴黎圣日耳曼、荷

所向披靡的 MSN 组合

兰王者之师阿贾克斯同组——都无法阻挡巴萨。他们轻松小组出线，然后两回合 3 比 1 干掉曼城。

2015 年 4 月，在巴黎王子公园球场，巴萨以 3 比 1 击败巴黎圣日耳曼。内马尔首开纪录，苏亚雷斯从容戏耍了巴黎圣日耳曼整个后防线后，射中 2 球。回到主场，内马尔再中 2 球，巴萨以总比分 5 比 1 淘汰巴黎圣日耳曼。

2015 年欧冠半决赛，巴萨对阵老冤家拜仁慕尼黑。

拜仁此时的主帅正是巴萨旧帅瓜迪奥拉。

2015 年 5 月 6 日，巴塞罗那诺坎普球场，巴萨对阵拜仁，冠军杯半决赛首个回合。巴塞罗那球迷记得两年前两回合 7 比 0 的旧怨。梅西则记得，一年之前，拜仁阵中的德国队诸将如何在世界杯决赛中让他饮恨。

比赛前 75 分钟，拜仁的空间保持得很好。队长菲利普·拉姆积极顶上中场，尽量将战线推前。对巴萨这种控球强队，拜仁的控球率居然可以达到 55%。至少上半场，拜仁在前场成群结队抢，限制巴萨出球控球，是成功的：巴萨的 MSN 三人组前场拿球威胁过大，只能尽量压制中场。拜仁前场施压积极，布防从前场开始，巴萨没有太多的出球机会，也很难整体推过半场去。

既然巴萨在中场无法全面覆盖，只好快速出球，让前场 MSN 三人组自己去抢。而一旦球到本方后场，拜仁 3 个后卫的策略是：堵塞中路，压缩空间。巴萨要射门可以，不给你角度；至于你能从肋部射门，反正角度小了，而拜仁有当时第一守门员曼努埃尔·诺伊尔——这是前一年马竞的西蒙尼对付巴萨的套路。

梅西上半场有过一次禁区中射门：从人群里钻出来，找到一线空间；拜仁还是堵塞中路，梅西小角度推了远角，球没进。

但拜仁这种阵型的保持，需要始终如一的纪律与充沛的体力。

比赛第 75 分钟，拜仁左路拿球，被巴萨的防守逼抢到边路，断球。拜仁来不及压缩空间，梅西电闪雷鸣，一脚远射破门。巴萨 1 比 0 领先。

3 分钟后，梅西得到了一个一对一单挑对方中卫的机会，对面是拜仁的中卫，前一年在世界杯决赛防守他的博阿滕。

梅西以冠绝当世的触球技术，连续左脚外脚背朝中路触球两下，博阿滕只好封阻中路。梅西外脚背点中路两下后，往中路一顺，再朝右一个变向，博阿滕倒下了——梅西在一瞬间做了 3 个假动作，博阿滕毫无办法，直接被梅西晃到失去平衡。

梅西再挑射，球越过去年世界杯挡住他的德国门将曼努埃尔·诺伊尔，进球——这个精彩绝伦的个人表演，后来被认定为当届欧冠最佳进球。

最后，梅西又助攻了内马尔一个球，巴萨以 3 比 0 获胜。

德国不止一个媒体认为，晃倒博阿滕这一下，是最典型的梅西式带球。

话说足球史上的带球大师，大多个子不高：

马拉多纳身高 165 厘米，加林查身高 169 厘米，贝利身高 173 厘米；

2014—2015 赛季欧冠半决赛，梅西的经典进球

梅西传奇

英伦偶像乔治·贝斯特身高 175 厘米，意大利的骄傲罗伯特·巴乔身高 174 厘米；

内马尔身高 175 厘米，小罗身高 179 厘米；

荷兰人普遍高挑，但克鲁伊夫身高也就 180 厘米。

当然，也有身材高挑的带球大师。但要么如齐达内或里克尔梅，停球、拿球、护球技术卓越，但并不热衷于连续突破；要么如卡卡，以优秀的视野选择突破路线，靠速度完成大幅度奔袭。

身高 170 厘米的梅西，年轻时固然有天下无双的奔袭能力，但到了 27 岁，他带球突破，更多的是依靠步幅和触球的结合、不可思议的平衡、重心的控制、灵敏的反应和变向能力，以及谁都跟不上的节奏，由此产生匪夷所思的灵巧。

对 192 厘米的博阿滕而言，他一旦试图去跟梅西的节奏，便只有倒地这一条路了——不能怪他，这个世界上，没几个人能跟得上梅西的节奏。

第二回合，巴萨 2 比 3 输给了拜仁，但以总比分 5 比 3 过关，于是去了 2015 年欧冠决赛。

2015 年 6 月 6 日，欧冠决赛，巴萨对阵意大利的尤文图斯。

尤文图斯也算努力防守了。

梅西右翼拿球时，尤文图斯有 5 双眼睛在看他，于是开场 4 分钟，梅西长传左路，内马尔、伊涅斯塔一撮合，拉基蒂奇进球了，1 比 0。

第 68 分钟，拉基蒂奇找到了梅西，梅西一路奔袭。尤文图斯的回防到位了，但是梅西反击中在禁区前一个变向，射门机会就出来了。他只需要这么一点摆腿空间，球就出去了。尤文图斯的传奇守门员布冯扑救脱手，苏亚雷斯跟进补射，2 比 1。

比赛补时阶段，尤文图斯全线压上，没进球。梅西一个传球找到内马尔，奔袭，前场一个配合后进球，3 比 1。

巴萨的第 1 个进球，是尤文图斯右路的 5 个人（2 个中场、3 个后卫）钉着梅西时，他分球到左路；第 2 个进球，是尤文图斯被打反击，梅西在奔袭中无中生有制造了一个机会，苏亚雷斯补空门；第 3 个进球，也是尤文图斯被打反击，梅西找到内马尔出球。

3 个进球，后 2 个都是快速出球反击。

巴萨完美地利用了尤文图斯对梅西的恐惧，让 MSN 的另外两个天才大展拳脚。

这就是在国家德比中败北之后，恩里克重塑的全新的巴萨风格：最大限度地发挥 MSN 三叉戟个人能力的风格。

对巴萨诸将而言，改变的确很艰难，但也不得不变。当时的巴萨已不是 2009 年的巴萨了。35 岁的哈维要走了，伊涅斯塔也不再年轻，球队必须实行轮换制。他们必须习惯偶尔放弃球权，追求更快速简洁的踢法。能赢球的战术，总是好的。

仅仅半年之前，巴萨还处在艰难转型的洪流之中呢。转眼间，2015年初夏，他们就重新登上了欧洲的巅峰。

每一次转折都将有阵痛，伟大如巴萨的转身——尤其是要减弱哈维和伊涅斯塔分量的转身——一定更加痛楚。但他们还是转过身来了，而且用恩里克当初引发争议的高位逼抢和反击，干掉了拜仁和尤文图斯。MSN 的化学反应之美好确实有天意的成分，梅西的才华更是天授，非人力所能致，但这次看似危险的赌博式改革，到底是让巴萨赌赢了。2015年春天，苏亚雷斯、内马尔和梅西找到了彼此。不只是战术上，他们在球场上也很快乐。恩里克教练做出了妥协——他是个刚毅且实际的汉子，但并不刚愎自用。他重新给了梅西自由，然后，一切开始扭转。

恩里克和梅西

这是巴萨——也是梅西——10 年中的第 4 个欧洲冠军联赛冠军，时隔 4 年后的再次夺冠。加上一周前的国王杯冠军，以及早早锁定的联赛冠军，巴萨和梅西又拿下一个三冠王。

　　巴萨的 2014—2015 赛季，可以更完美一些吗？很难了。英国名宿加里·莱因克尔念叨说："明年巴萨能卫冕吗？当然很难，但对欧洲来说，巴萨强得过分了。"

　　这一年，梅西联赛 38 场进 43 球，欧冠 13 场进 10 球，加上俱乐部的其他比赛，总计 57 场进 58 球。但妙处不止于此：他在联赛中单季 18 次助攻，欧冠 6 次助攻，整个赛季总计 27 次助攻。这个赛季，他的队友苏亚雷斯合计踢了 43 场，攻入 25 球；内马尔合计踢了 51 场，攻入 39 球。

　　尤其值得注意的是，内马尔在 12 场欧冠赛中射进 10 球，与梅西并列当

经典的 MSN 组合

选最佳射手。终于，巴萨不只是靠梅西一个人年复一年地进那些创纪录的球了。MSN 三叉戟在这一年的各类比赛中，为球队射进了不可思议的 122 球。他们是足球史上最惊人的进攻组合。这是梅西所遇到过的最卓越的攻击组合。

当然，多年后回看会发现，MSN 组合也许只是暂时延缓了巴萨的老去。

2015 年夏天回到阿根廷国家队后，梅西就没那么好运了。

国家队主帅——有点尴尬——是前一年刚被巴萨请走的马蒂诺教练。

阿根廷国家队去往智利参加美洲杯。首战对巴拉圭，上半场以 2 比 0 领先（梅西射进一球），但最后被巴拉圭扳平。之后以 1 比 0 击败乌拉圭后，梅西为阿根廷出赛第 100 场，带队以 1 比 0 击败牙买加。

阿根廷媒体讨论道，梅西已成为球队的实际领袖。然后便是 1/4 决赛，阿根廷 0 比 0 战平哥伦比亚，点球大战中，梅西又是射进第一发，球队以 5 比 4 晋级。半决赛，梅西带队以 6 比 1 大破巴拉圭，自己送出 3 次助攻，让比赛开始阶段对他颇有敌意的智利球迷大声鼓掌。

但决赛中，情况变了。

阿根廷对阵东道主智利，裁判放任双方野蛮对决，梅西腹部甚至挨了对方的飞踢。双方又是以 0 比 0 拖进点球大战，梅西射进了点球，然而队友们纷纷射飞点球，阿根廷以 1 比 4 败北。

又一次决赛败北后，梅西拒绝了赛会评出的最佳球员奖。回国之后，他依然被阿根廷媒体批评：毕竟自 1993 年美洲杯夺冠以来，阿根廷有 22 年未尝过任何冠军头衔的滋味了。虽然此前十几年的挣扎与梅西无关，但阿根廷球迷急切地需要找点什么由头来说事。他们需要冠军——不管球队怎么样，梅西就该拿一个冠军。

11. 命运的更迭

从智利回到巴塞罗那后，梅西又迎来了一个忙碌的赛季。前一年的三冠王让巴萨在新赛季又得奔走于各色杯赛。

35 岁的哈维离去了，巴萨的一个时代结束了；28 岁的佩德罗去了切尔西。球队从塞维利亚签来了阿莱克斯·比达尔，但人员厚度依然不太够。

2015 年欧洲超级杯中，巴萨以 5 比 4 击败塞维利亚，梅西 2 次任意球得分。此时梅西已经 28 岁了，他开始越来越勤谨地利用自己的任意球了。

2015 年 9 月 26 日，巴萨以 2 比 1 击败拉斯帕尔马斯，但梅西左膝受伤，因伤停赛 2 个月。3 天后，欧冠对阵勒沃库森之战，31 岁的队长伊涅斯塔右脚受伤，因伤停赛 1 个月。

又 4 天后，巴萨客战塞维利亚，以 1 比 2 的比分输球——塞维利亚主教练，颇善以弱克强的乌奈·埃梅里第一次击败巴萨。

2015 年 11 月 21 日，在马德里的伯纳乌球场，巴萨缓过来了。苏亚雷斯独中 2 球，加上内马尔和伊涅斯塔的进球，巴萨以 4 比 0 大破皇马，赢下这一年的国家德比第一回合。这场败局让皇马大失颜面，结果到 2016 年 1 月，主帅拉斐尔·贝尼特斯下台，皇马队史上的传奇，足球史上卓越的球员之一，前法国巨星齐内丁·齐达内接任皇马主帅。

那时，谁都不知道，这是皇马一个新时代的开始。

C 罗和齐达内

梅西传奇

2015 年 12 月 20 日，国际足联世俱杯决赛，梅西带巴萨夺下冠军奖杯，是梅西 2015 年获得的第 5 座奖杯。

梅西在 2016 年 1 月拿下个人第 5 个金球奖。与此同时，巴萨在联赛中一路打出 11 连胜，一直赢球到 3 月，并且创造了西甲 35 场不败纪录。其间有个小故事：巴萨对塞尔塔之战中，梅西在射点球时没选择射门，而是将球横传给苏亚雷斯，由他破门——这是致敬当年克鲁伊夫的玩法。

然后，噩运到来了。

2015—2016 赛季欧冠 1/4 决赛，巴萨遇到了老冤家——西蒙尼带领的马德里竞技。4 月 5 日，巴萨 2 比 1 击败马竞，苏亚雷斯独进 2 球。但 4 月 9 日，巴萨在联赛中输给了皇家社会，不败纪录结束。

又 4 天后，欧冠第二回合，巴萨 0 比 2 输给了马竞，欧冠出局。因为马竞的前锋是法国人安托瓦内·格列兹曼，法国媒体一向关注马竞。用法国媒体的话说，西蒙尼是"在梅西面前布下障碍，在梅西身后射出箭矢"，用压缩阵型的方式，让 MSN 无法活动。梅西和内马尔在马竞的强硬压缩下举步维艰，苏亚雷斯一直在奋战，但无济于事。

马德里媒体敏锐地指出，过去 10 年，巴萨有 8 次杀进欧冠四强，但 2014 年和 2016 年 2 次止步八强，都是输给西蒙尼带领的马竞。"这绝非巧合！"

当然，我们也可以补充：就像当年输给切尔西，输给国际米兰，输给拜仁一样，巴萨总是会忌惮这些强硬的、凶猛的、团队至上的，不惜放弃球权来压缩空间的球队。

用巴塞罗那某些媒体的说法，巴萨的漂亮足球总是输给"现实至上"的球队。

2016 年 3 月 24 日，巴萨的教父克鲁伊夫逝世了。

2015—2016 赛季对巴萨而言，不能说是失败的：虽然欧冠未能卫冕，但连续两年拿到了双冠王。梅西因伤只踢了 33 场联赛，进了 26 球，送出 16 次助攻，加上其他各种比赛，一共进了 41 球，送出 23 次助攻。这个赛季，MSN 组合的其他两位依旧发挥出色，内马尔 49 场进 31 球，苏亚雷斯 53 场进 59 球，三人合计进球达到 131 球，甚至超过了前一年 122 球的纪录。

本来 2010 年以来，梅西和 C 罗各拿三届西甲最佳射手，至此苏亚雷斯以单季 40 球拿下西甲最佳射手，也算是打破了梅西和 C 罗的垄断。这一年，巴萨也还是拿到了联赛冠军和国王杯冠军。

如果要求低些，这也算是个成功的赛季吧。

但是，巴萨的宿敌皇马以及 C 罗，在另一个舞台站起来了。

之前 2013 年和 2014 年金球奖，都是 C 罗拿下的。2015 年，梅西拿到一个了金球奖，但 2016 年 5 月，在新帅齐内丁·齐达内的统领下，C 罗带皇马拿下了欧冠冠军。

属于 C 罗的好运还没结束。2016 年夏天，在法国举行的欧洲杯上，葡萄牙小组赛三连平，勉强小组出线，之后在淘汰赛和克罗地亚 0 比 0 打平，进入加时赛后，葡萄牙依靠夸雷斯马在全场第 117 分钟的进球才进了八强。稍后在半决赛对阵威尔士。

葡萄牙主帅费尔南多·桑托斯，务实又狡黠。就在半决赛葡萄牙对

梅西传奇

决威尔士前，他还说，威尔士机会更大。他说，他听见别人批评球队，"就像耳朵听见音乐"。《卫报》说他是个实用主义者。

威尔士三中卫布阵，锁死中路。葡萄牙对威尔士的三中卫没兴趣，不去中路强碰，整体进攻求稳：慢慢推进展开到前场30米区域，C罗大量回撤接球，年轻的中场雷纳托·桑切斯在右翼找机会插上传中，不行就直接打左翼，若昂·马里奥在左翼假内切后找起球机会。

第50分钟，葡萄牙边路起球。C罗走位，原地起跳，硬生生将一个不是机会的传中变成了机会，将球顶进大门。葡萄牙就这样依靠C罗的抢点意识、爆发力和弹跳，轰出了一个进球。

3分钟后，纳尼又进一球，葡萄牙2比0领先，然后放弃控球权，紧缩防守。最后葡萄牙以2比0赢下比赛，晋级决赛。英伦媒体承认：这支葡萄牙队踢得很现实。狡黠，坚持，团结，坚韧。虽然不够秀美，但这是一支拼命的球队。

之后的欧洲杯决赛，葡萄牙对阵法国。C罗开场不久便受伤。但葡萄牙依靠韧性死死咬住，加时赛第109分钟，埃德射门得分，葡萄牙1比0取胜，拿下欧洲杯冠军。

这也是C罗获得的第一个洲际大赛冠军。至此，2016年，他在俱乐部拿下欧冠冠军，在国家队拿下欧洲杯冠军，真正成了欧洲之王。

另一边，南美。梅西在阿根廷的运气就没那么好了。

由于2016年恰逢南美足协成立100周年，于是时隔一年，又来了一届美洲杯。梅西在2016年5月腰背受伤。结果2016年6月美洲杯，阿根廷首战遇到上届冠军智利，梅西没能出场。

次战对巴拿马，梅西第 61 分钟才替补上场，随即在 19 分钟内上演帽子戏法，带队以 5 比 0 获胜。

1/4 决赛，阿根廷对阵委内瑞拉，以 4 比 1 获胜。梅西送出 2 次助攻，并射进他代表国家队的第 54 球，追平了阿根廷战神巴蒂斯图塔的纪录。3 天后，美洲杯半决赛，阿根廷对美国，梅西射进 1 个任意球，又助攻 2 球，带队以 4 比 0 获胜。

之后巴蒂斯图塔承认说："梅西超越我的纪录，会让我不爽吗？一点点。以后大家都会说，梅西是阿根廷国家队最佳射手了。但想想也不坏：我只是仅次于梅西这样的天才嘛。"

2016 年 6 月 26 日，美洲杯决赛。阿根廷又一次对决智利。与前一届决赛一样，双方以 0 比 0 拖入点球大战，最后阿根廷败北。与前一届不同的是，梅西这一次射丢了点球。

这届杯赛他进了 5 球，送出 4 次助攻，但又一次没能夺冠。这是自 2014 年世界杯、2015 年美洲杯以来，梅西在国家队连续 3 年决赛败北。

赛后，梅西宣布退出国家队。智利教练胡安·安东尼奥·皮齐如是评价梅西：

66 我那一代人，也许认为梅西不如马拉多纳，因为马拉多纳为阿根廷足球所做的那些事过于伟大；但我个人认为，梅西是有史以来最好的球员。**99**

之前还致力于批评梅西的阿根廷媒体，至此意识到问题严峻。阿根廷国家队飞抵首都布宜诺斯艾利斯时，球迷前来迎接，高呼："不要走，莱昂！"阿根廷总统毛里西奥·马克里也敦促梅西留下："我从未如此为国家队骄傲，我希望能够继续看到世界上最好的球员为国家队效力很多很多年。"

布宜诺斯艾利斯市长奥拉西奥·罗德里格斯·拉雷塔在首都为梅西的一尊雕像揭幕，以说服梅西留下。

2016 年 7 月 2 日，众多球迷前往布宜诺斯艾利斯方尖碑，呼吁梅西留下。

一周后，阿根廷的《国民报》宣布说，梅西在考虑为阿根廷出战下届世界杯预选赛了。8 月 12 日，梅西确认他会回归阿根廷国家队。他承认美洲杯决赛输给智利当晚，"我的内心五味杂陈，当时确实只想着退出。但我爱我的国家和这件球衣"。

2016 年 9 月 1 日，他身穿阿根廷 10 号球衣复出，再战 2018 年世界杯预选赛，射进制胜球，带队以 1 比 0 击败乌拉圭。

但这一番风波，大概的确让梅西身心俱疲了吧。

他也 29 岁了。在俱乐部，在国家队，他都必须面对球队与他自己在慢慢变老的事实。足球世界残酷而现实的一面，在慢慢侵蚀他。

2016 年夏天，在接受《体育画报》采访时，他提到了另一位体育巨星——NBA 史上最佳投手斯蒂芬·库里。

"我个人希望见到金州勇士队的球星斯蒂芬·库里，所有人都喜欢看库里打球，我们这些身材不像他们那么伟岸的足球运动员，踢球风格其实和他们打球风格很相似。去年 12 月，库里曾邮寄给我一件他的签名球衣。今年 4 月，我将自己的签名球衣作为回礼寄给他。

梅西

"如果你看过库里打比赛，哪怕是赛前热身，你就会了解他与篮球的结合是多么天衣无缝，他的思想、身体与篮球完全融为一体。我在足球比赛中也尝试像他一样做到人球合一。小时候我随身带着足球，从早晨起床到晚上睡觉，片刻不离足球，我还曾多次抱着足球入睡。"

说到这些时，29 岁的梅西真像又回到了少年时，那个对足球纯粹热爱、不掺杂任何其他因素的时代。

2016 年秋天，当梅西回到巴萨时，

库里

梅西传奇

面对的是又老了一岁的球队。德国守门员——24 岁的马克－安德烈·特尔施特根坐稳了首发门将席位，但右后卫巴西老将阿尔维斯离开了。新来的法国后卫萨缪尔·乌姆蒂蒂不算稳健，而马斯切拉诺已经 32 岁了。

巴萨中场，32 岁的伊涅斯塔也老了，已经无法保证稳定的出勤率，球队中场只能靠布斯克茨与拉基蒂奇主持运作，巴西人拉菲尼亚与葡萄牙人安德烈·戈麦斯偶尔帮衬。

进攻线上，MSN 组合依然天下无敌，但中后场的老化让巴萨很难跟得上仿佛军备竞赛般的欧洲大赛。

随着 2016—2017 赛季的推进，巴萨球员伤病不断。特尔施特根的左膝和大腿，伊涅斯塔的右膝，马斯切拉诺的右膝，梅西的腿，塞尔吉奥·罗贝托的右腿，阿尔巴的左腿，皮克的右踝……巴萨艰难前进着。MSN 三叉戟依然天下无敌，但也只能依靠他们了。

2016 年 9 月 13 日，巴萨在欧冠中对阵凯尔特人，梅西上演帽子戏法——这是他在欧冠中的第 6 次帽子戏法。一个月后，他经历了右腿内收肌受伤，但在巴萨对曼城的比赛中，他完成了欧冠第 7 次、合计个人第 37 次帽子戏法。

2017 年 1 月 11 日，在巴萨以 3 比 1 战胜毕尔巴鄂竞技的比赛中，梅西射进他代表巴萨的第 26 个任意球，追平罗纳德·科曼保持的队史纪录。2 月 4 日，梅西射进第 27 个任意球，刷新了队史纪录。

2016—2017 赛季，巴萨标志性的一战出现在 2017 年初春。

2 月 14 日，在巴黎王子公园球场，巴萨与巴黎圣日耳曼上演了欧冠 1/8

决赛。巴黎圣日耳曼一度控球率低到 38%，却早早以 2 比 0 领先。最后巴黎圣日耳曼以 4 比 0 大胜巴萨。巴黎圣日耳曼的主帅是新上任的乌奈·埃梅里，他坚持打强势反击战，梅西的阿根廷国家队队友安赫尔·迪马利亚梅开二度，德国人朱利安·德拉克斯勒和乌拉圭前锋艾迪森·卡瓦尼各进一球。

梅西传奇

巴萨再次面临绝境。

然而 3 月 8 日，在诺坎普球场，巴萨对巴黎圣日耳曼的第二回合，巴萨打出欧冠史上最伟大的逆转，以 6 比 1 击败巴黎圣日耳曼。

比赛进行到第 88 分钟时，巴萨依然只以 3 比 1 领先，总比分 3 比 5 落后，但内马尔在第 88 分钟和第 91 分钟连进 2 球，罗贝托在第 95 分钟又得 1 分，7 分钟内连进 3 球，完成了不可思议的逆转，就此淘汰了巴黎圣日耳曼。

但是，球队需要靠奇迹才能晋级，这不是什么好事。

2017 年 4 月 11 日，欧冠 1/4 决赛，巴萨在意大利都灵被尤文图斯以 3 比 0 干脆利落地干掉。阿根廷小将保罗·迪巴拉独中 2 球。回到诺坎普，巴萨 0 比 0 与尤文图斯战平。奇迹没能再次上演。两年前，巴萨还能游刃有余地击败尤文图斯；现在，局面倒转了。

2016—2017 赛季欧冠 1/8 决赛，
巴萨以次回合 6 比 1，总比分 6 比 5 实现神奇逆转，淘汰巴黎圣日耳曼

这个赛季，巴萨球迷最后的乐趣来自 2017 年 4 月 23 日的国家德比。巴萨对阵皇马，梅西梅开二度，补时阶段射进制胜球——这恰好是他在巴萨进的第 500 球。赛后，他将球衣脱下，举向恼怒的皇马球迷。

不知道是否因为 2016 年夏天在阿根廷国家队的岁月过于纠缠，这一年，梅西留起了胡子。这让他似乎成熟了许多。这个赛季，三叉戟依然卓越。梅西联赛踢进 37 球，所有比赛合计踢进 54 球；苏亚雷斯联赛踢进 29 球，所有比赛合计踢进 37 球；内马尔联赛踢进 13 球，所有比赛合计踢进 20 球。他们三人合计还是有 111 球的入账，梅西也第 4 次获得了西甲最佳射手和欧洲金靴奖。马斯切拉诺在 2017 年 2 月说了这么一段话："我们其他人都是可以被替代的，但梅西不可替代。当然，俱乐部高于一切，但梅西除外。这就是现实，你得承认这个。"

的确，到了这个时刻，在某种程度上，梅西已经高于巴萨了。

而这恰是巴萨当时面对的窘境：他们对梅西越来越依赖，也越来越无法构建起强大的球队。

本来，MSN 三人合力，内马尔和苏亚雷斯还能为梅西分担压力，但这个赛季，MSN 却上演了绝唱。

2017 年 5 月底，恩里克卸任巴萨主帅。厄内斯托·巴尔韦德成为球队新的主帅。

之前在欧冠击败巴萨的尤文图斯，之后会去到欧冠决赛，然后被皇马以 4 比 1 击败。皇马蝉联欧冠冠军。

在此之前，冠军联赛改制以后，从未有球队卫冕。但齐达内作为皇马主

梅西与巴尔韦德

教练，破了这个魔咒。那年冠军联赛决赛，尤文图斯上半场踢得很好。双方比分 1 比 1，尤文图斯控球率 46%，但尤文图斯射门更多，效率更高。在尤文图斯的防守之下，C 罗在第 7 分钟才第一次触球，左翼突破，球在夹击下射飞。

但之后尤文图斯进攻被断，皇马快速一脚出球，C 罗中路接球，传右路，自己插上，接球，干净利落地一脚射门。这是 C 罗在欧冠联赛中射进的个人第 104 球。

上半场，尤文图斯的 3412 阵型是成功的。中路密集封锁，逼迫皇马到两翼后，再压缩翼侧找反击。但这一招，在下半场忽然不灵了。

齐达内下半场做出调整，两边后卫马塞洛与丹尼尔·卡瓦哈尔积极插上，克罗地亚中场大师卢卡·莫德里奇大量横传调度。皇马先是由后腰卡塞米罗远射得分，再便是第64分钟C罗插上，射进个人欧冠联赛第105球。马尔科·阿森西奥又为皇马打进第4球，4比1。

尤文图斯在2017年欧冠中，小组赛丢2球，对摩纳哥丢1球。决赛之前，只丢3球。但决赛皇马一场进了4球，其中C罗2球。皇马连续两年，C罗连续两年，拿到了欧冠冠军。

2017年，C罗已经不在巅峰期了：他32岁了，速度、柔韧性、技巧都在下降。但他有些东西在进步：起脚前的走位和步点调整、抢点意识、起速之后的小技术。与此同时，他还拥有当世顶尖的反复无球冲刺能力，以及进球欲望。他能够不懈地靠无球跑动、抢点、冲刺、拿球后快速摆脱制造机会。实际上，C罗2009—2017年间共射进381个球，有151个进球集中在比赛开始后30分钟，87个进球集中在比赛最后15分钟。2016—2017赛季的欧冠，他射进12球，其中4球在比赛开始75分钟以后射进。他成了一个更纯粹的无球攻击手，一个更高效的射手。之后，他将获得2017年金球奖——他的第5个金球奖。

至此，梅西拿到了2009年、2010年、2011年、2012年和2015年金球奖，C罗拿到了2008年、2013年、2014年、2016年和2017年金球奖。他俩打成了5比5平。

梅西传奇

皇马拿下 2017 年欧冠冠军，巴萨呢？他们没取得什么新成果，还失去了内马尔。2017 年 8 月 3 日，此前被巴萨完成史诗级大逆转的巴黎圣日耳曼下了狠手：他们斥资 2.22 亿欧元，从巴萨买下了 25 岁的内马尔，打破了当时足坛转会费的历史纪录。

　　此前 3 年，内马尔与梅西和苏亚雷斯，组成了可能是足球史上最卓越微妙的三叉戟组合。从来没有哪个组合像他们三人一样全能、高效、无私。许多人认为，除了梅西与 C 罗，内马尔可能就是当时最好的球员。实际上，从 2014 年开始，欧洲媒体就谈论说，内马尔"有朝一日一定会得金球奖"。许多人都相信，他会在梅西老去后成为巴萨的新王牌。

　　但内马尔就此走了，去巴黎圣日耳曼了。

　　巴黎圣日耳曼并没就此停手。他们又砸出史上第二高昂的转会费——1.8 亿欧元，从法国摩纳哥买下了生于 1998 年 12 月，当年在欧冠中表现卓越的法国天才前锋基利安·姆巴佩。

　　巴萨当然不能坐视内马尔离开。内马尔离开后 11 天，巴萨以 4000 万欧元买来了巴西人保利尼奥。又过 11 天，巴萨从德甲的多特蒙德以 1.25 亿欧元买来了法国快马奥斯马内·登贝莱。

　　但事后证明，这两个人都无法代替内马尔。

12. 独臂
擎天

2017 年 8 月 13 日，巴萨在 2017—2018 赛季西班牙超级杯首回合中以 1 比 3 输给皇马，比赛极富戏剧性。下半场皇马左后卫马塞洛射门击中皮克折射入网，梅西射进点球扳平，但第 80 分钟，C 罗反击射门得分。兴高采烈之际，C 罗脱衣庆祝，吃了张黄牌。2 分钟后，C 罗被判假摔，两张黄牌成一张红牌，被罚下场。第 90 分钟，皇马反击，马尔科·阿森西奥得分。赛后，马德里媒体津津乐道，认为这是典型的齐达内式反击的胜利。

接下来，梅西的状态惊人地好。2017 年 9 月，巴萨对埃瓦尔的比赛，梅西独进 4 球。赛后巴尔韦德教练说："这种事又不是新闻了！"

这场比赛前，梅西为 2017—2018 赛季的巴萨出赛 7 场，进了 8 球。此时内马尔走了，苏亚雷斯受伤，球队需要梅西重新接管球队，适应球队的新变化。

这一年的梅西 30 岁了。当年他纵横天下时，还有媒体——当然许多是马德里媒体——念叨说，梅西身后有哈维，有伊涅斯塔，有巴萨的体系支持。

此前两个赛季，也有媒体念叨，说他身边有内马尔和苏亚雷斯，有 MSN 的威慑力加持。

但 2017 年秋天，内马尔离开了，苏亚雷斯受伤了，梅西却依然所向无敌，甚至更胜从前。

时间并不是格外优待梅西，但伟大的球员是有办法另寻路径的。就像 C 罗转型一样，梅西也在转型。他的爆发力、体能、长距离奔跑能力，也不如 2012 年。但有些东西，他还在持续进步。

梅西的绝技，是他几乎冠绝古今的触球技术、重心和步频调整技巧。就在 2017 年夏天，哈维还忍不住谈论说，梅西的那一两脚触球如何精妙绝伦，恰到好处。

体现在比赛中就是：结合到球，面对人（或人群），梅西游刃有余的程度几乎独步球坛。他甚至不需要做假动作，只要靠细密的触球和步频，在适当的时机轻描淡写地一划拉，对方就会失去重心。触球的球感、重心的保持、步频调整和无球意识，是不会被年龄冲洗掉的，而且理论上，越老越辣，越老越妖。

梅西这时又得关心他的国家队了：2017 年 10 月，阿根廷国家队不太争气，又面临可能缺席 2018 年世界杯的巨大危险。他们必须在厄瓜多尔的主场对阵厄瓜多尔。此前，阿根廷已经 16 年没在这里赢过球了。

然而梅西有办法。

2005—2011 年，梅西为阿根廷出战各色比赛 67 场，进球 19 个。

2012—2017 年，梅西为阿根廷出战各色比赛 55 场，进球 42 个。

阿根廷对厄瓜多尔之战，厄瓜多尔先以 1 比 0 领先。然后，梅西用招牌的细密步伐中速带球，分边，调整步伐内切，轻盈地一脚迎球低射，1 比 1。进了球，他都不动声色，毕竟他习惯了。

随后，梅西在前场断下对方传丢的球，在奔跑中调整角度，身体重心偏向左前方，扭身，抽球，球射向右前方，一个精确的半高球射门，2 比 1。

再之后，禁区前，梅西忽然起速摆脱对方的防守，起脚吊射，又是一个强行逆射，被围着，还带挑球，球精巧得如测量过似的，恰好划过守门员指尖，3 比 1。

梅西上演帽子戏法，阿根廷以 3 比 1 取胜。

这三个球，显出了内马尔离开后梅西的特色。

触球不多——第一球一锤子买卖，第二球、第三球都是在方寸间调整了角度，两步射门。

动作幅度不大——对方防守时人群密集，没有宽广空间任他摆脱。

第二球和第三球完全算不上好机会，近乎凭空而来，但梅西游刃有余。

因为梅西对重心、步频和精致触球的把控，有别于其他任何球星。其他的技术大师，大多有更出色的爆发力与速度。而梅西只是依靠更细密的频次，使得自己踢球时的节奏与其他人完全不同。实际上，这场比赛，每次梅西带球逼向对方时，退防的厄瓜多尔球员都近乎恐惧地后撤，希望队友支援。

梅西传奇

也许 30 岁的梅西不如以前快了，但这不妨碍他轻描淡写地解决一切问题。他多年来过人无数，已经积累起了足够的威慑力，而他现在比任何时候都懂得利用对手的恐惧。

如此，梅西干脆利落地完成了帽子戏法，带领阿根廷打进 2018 年世界杯。他也与苏亚雷斯——代表乌拉圭出赛——一起，同以 21 个进球成了南美世界杯预选赛最佳射手。

可是，梅西的个人神勇无法解决巴萨所有的问题。

回到 2017 年年底的巴萨，梅西还是得想办法。

巴萨没有了内马尔，新来的登贝莱的表现配不上一亿多欧元的身价。于是到 2018 年 1 月，巴萨又急吼吼地与英格兰的利物浦谈成一笔买卖，用上亿欧元买下了巴西人费利佩·库蒂尼奥。

然而与登贝莱一样，库蒂尼奥也不太能融进巴萨。

这是当年瓜迪奥拉面对过的问题：巴萨的体系颇为独特，外来巨星如伊布，就没有拉玛西亚出品的球员如佩德罗，更适应巴萨的套路。本来内马尔难得地与巴萨合拍，用巴塞罗那媒体的话说，"内马尔和梅西用同一种技术语言说话"，但巴萨没留下他。

当然，人员短缺并不意味着巴萨在联赛中有问题：梅西和苏亚雷斯足够应付联赛，巴萨前 34 轮联赛未尝败绩。在 2018 年欧冠，巴萨一开始也算顺利，以不败战绩出线，但在 1/8 决赛，巴萨遇到了切尔西。

此前梅西面对切尔西时屡屡受困，受过伤，被淘汰过，诸如此类，他自己 2006 年就承认不喜欢切尔西。英国媒体也认为切尔西能遏制梅西。

但这场比赛，梅西做出了回应。

切尔西与巴萨第一场打成 1 比 1 平，梅西为巴萨射进了一球。

第二场，切尔西的意大利教练安东尼奥·孔蒂安排了 541 阵型，进攻时变为 343 阵型，试图与巴萨硬拼。然而巴萨的巴尔韦德教练以不变应万变。西班牙记者艾贝尔·罗哈斯曾解释了这个赛季巴尔韦德教练的宗旨：

1. 耐心细致地构筑进攻，以免球队在危险区域丢球。

2. 少些球员在球前方（具体表现在比赛里，就是梅西、苏亚雷斯、登贝莱或库蒂尼奥），如此，其他队员可以及时回防。

3. 让梅西个人决定比赛，因为这样风险最小。

巴萨站了一个事实上的 442 阵型，皮克和乌姆蒂蒂居中控制，阿尔巴和罗贝托上压，与布斯克茨和拉基蒂奇构成上抢线，登贝莱边路冲刺，伊涅斯塔和阿尔巴做边路二人传。

中场平行，锋线梅西和苏亚雷斯各干各的。

梅西在对切尔西的第二回合中射进 2 球——这是他欧冠生涯的第 100 球。而在比赛最后时刻，他中场带球疾进，面对防守，往右瞟了一眼，就送出跨场横传，找到登贝莱，助攻登贝莱得分。巴萨 3 比 0 击败切尔西，两回合 4 比 1 淘汰切尔西，晋级欧冠八强。

恰如瓜迪奥拉所说：

> **" 梅西踢哪个位置，就是哪个位置的世界最佳。"**

不只是创纪录的进球和无人可挡的带球，他的任意球和传球，也已经越来越像传统 10 号的典范了。

但巴尔韦德教练这么做，显然另有风险：如果让梅西决定比赛是风险最小的事，那就是意味着球队只能依靠梅西？

果然，欧冠 1/4 决赛，巴萨对阵意大利的罗马。巴萨运气很好，在诺坎普依靠罗马的 2 个乌龙球，早早以 2 比 0 领先，最后以 4 比 1 取胜。

但去到罗马后，巴萨无法阻挡罗马的冲击力。上半场，罗马的埃丁·哲科追回一球；下半场，皮克对哲科犯规，点球。罗马的丹尼尔·德罗西射门得分，罗马 2 比 0 领先。比赛还剩 8 分钟时，罗马开出角球。希腊后卫科斯塔斯·马诺拉斯头球得分，罗马 3 比 0 取胜，总比分 4 比 4，依靠客场进球淘汰巴萨。

还是那句话：梅西可以为巴萨创造奇迹。但如果不惜代价锁死梅西，巴萨就没法子了。遇到更强硬的球队，巴萨就会被逆转。

之后巴萨以 5 比 0 击败塞维利亚，连续 4 年拿到了国王杯冠军。2018 年 4 月 27 日，34 岁的伊涅斯塔宣布，在巴萨度过 22 年传奇生涯后，他将告别球队。2 天之后，巴萨以 4 比 2 击败拉科鲁尼亚，拿到了他们的第 25 个西甲冠军：库蒂尼奥首开纪录，梅西上演帽子戏法。这算是让伊涅斯塔做了个美好的告别。

对巴萨而言，这又是一个喜忧参半的赛季：联赛夺冠，国王杯夺冠。梅西 34 个联赛进球，45 个总进球；苏亚雷斯 25 个联赛进球，31 个总进球。

但失去内马尔之后，合计 2 亿多欧元买来的登贝莱与库蒂尼奥，合计 35 场联赛进 11 个球。

事实证明，这又是一个梅西（与苏亚雷斯）灿烂无比，球队艰苦奋斗的赛季。

而随着哈维和伊涅斯塔的先后离去，巴萨的中后场越发薄弱了。

与此同时，巴萨的宿敌皇家马德里在 2018 年初夏实现了不可思议的欧冠三连霸，他们在决赛中击败了英格兰的钢铁之师——红军利物浦。但那年最典型的比赛，出现在 1/4 决赛：皇马对尤文图斯。

此前皇马对巴黎圣日耳曼，齐达内采用 442 平行站位打得顺风顺水，用防守反击淘汰了巴黎。到都灵对阵尤文图斯时，齐达内用了菱形中场，将赌注下在西班牙中场伊斯科身上，赌对了：伊斯科与左后卫马塞洛切开尤文图斯防线，开场 3 分钟，就给 C 罗送了一脚神奇传球。C 罗得分，1 比 0。

但之后的一小时，皇马都在为菱形中场还债。

菱形中场太窄，尤文图斯的两肋可以轻松穿过中场。

克罗斯与莫德里奇彼此间隔太大，皇马的速度起不来。

梅西传奇

梅西与苏亚雷斯

直到比赛第 64 分钟，只看场面，尤文图斯比皇马踢得好多了。直到齐达内决定换下本泽马，改用 4411 阵型，尤文图斯的进攻才被遏制。然后 C 罗连进 2 球，上演帽子戏法，3 比 0。

这是 C 罗 2018 年的终极之战，在 33 岁时成为终极射门机器的 C 罗。

皇马第一个进球前，C 罗快速分边、走位，接球不调整，直射射门得分。然后是第三个球，抢点到位，一脚完事。当时伊斯科出球瞬间，C 罗全速跑去，找准点，最后一步，右脚由直变横发力。脚上的力道、步伐的调整、身体的控制，臻于完美。

但最惊人的是让尤文图斯崩溃的第二球：皇马送出传球，C 罗看位置，三大步，一个小垫步，起跳，抡腿，一个凌空倒钩球。

C 罗惊天倒钩

梅西传奇

这个球击溃了尤文图斯，也让尤文图斯球迷惊叹。尤文图斯球迷为C罗献上了掌声，他们的球队在主场输给了C罗的帽子戏法，但他们心服口服。这是真正的对伟大表现的尊重。

这也埋下了一个伏笔：C罗似乎从此对都灵的球迷有了好感。

对马德里球迷而言，一切极其美好：皇马又拿到了欧冠冠军，C罗又拿到了欧冠冠军。如果C罗拿到2018年金球奖，那就能以6比5的比分反超梅西啦！

然后，迎来了2018年夏天的俄罗斯世界杯。

全世界都在等着看C罗的葡萄牙和梅西
的阿根廷会有怎样的表现。

毕竟他俩都拥有空前的5个金球奖；毕竟他俩一个有5座欧冠冠军奖杯，一个有4座欧冠冠军奖杯；毕竟他俩都创造了一大堆历史纪录。他俩离世界足球历史之王，似乎只差一个世界杯冠军。

谁拿到世界杯冠军，谁就能在5比5的平局中向前迈一步，甚至直逼传奇的贝利和马拉多纳⋯⋯

2018年世界杯小组赛第一轮，C罗上演帽子戏法，带葡萄牙以3比3逼平西班牙。

与两年前的欧冠相似，葡萄牙上演热血绞杀战。开场压迫控球者，球到翼侧就夹击，边后卫上提施压，西班牙一度得靠伊涅斯塔回撤到本方后卫线才能拿到球，首次攻到葡萄牙禁区是第9分钟的事了——已经0比1落后了。

西班牙被迫进行大量横传寻找推进机会，但葡萄牙跑动得很勤勉。西班牙喘过气来，是15分钟之后的事了。然而西班牙的应变能力毕竟了不起：通过空切打身后，形成边路渗透，于是葡萄牙慢慢地压缩回去，西班牙则如海浪般漫过来。

葡萄牙也不是不想好好打反击，但上半场，除了找头球抢落点外，他们唯一的反击手段就是找C罗。

西班牙依靠迭戈·科斯塔射进2球，依靠纳乔远射得分打进第3球。西班牙的确如海浪般席卷葡萄牙。葡萄牙实际上只有开场10分钟和收尾10分钟的抵抗有效，之所以还能撑住3比3的平局，是因为有C罗。

C罗全场只有4次射门，一次射出任意球打中了人墙，其他3次都进了球：

先是他全场唯一一次试图过人，突破造了点球，亲自罚进；再是他一个跑动中调整好步点，一个里瓦尔多式远射，西班牙守门员德赫亚脱手；然后是葡萄牙2比3落后时，他一个任意球得分，3比3追平。

我们把目光移向阿根廷，阿根廷第一场被冰岛逼平。梅西射飞了点球。

当然啦，如果不是前一年梅西的对厄瓜多尔的帽子戏法，阿根廷都到不了世界杯上。事实上，这支依靠梅西的个人神勇，硬生生被带到世界杯的阿根廷队，并不算强队。2018年3月，梅西受伤缺阵，这支阿根廷队在热身赛里被已过巅峰期的西班牙打了个6比1。前阿根廷国家队球员奥斯瓦尔多·阿迪列斯后来承认："这是队史上最差的一支阿根廷队，即便拥有当世最好的球员（梅西），也缺乏竞争力。球队所有的退步，都被梅西的光芒遮盖了。"

梅西传奇

小组赛次轮，C罗头球破门，葡萄牙以1比0击败摩洛哥。与此同时，梅西表现平平，阿根廷被后来的当届世界杯亚军克罗地亚以3比0击败。但赛后，克罗地亚的中场王牌、皇马欧冠三连冠的中场核心，之后将获得2018年金球奖的卢卡·莫德里奇，以梅西老对手的姿态，平静地说出事实：

> 梅西不可思议，但他无法独自完成一切。

阿根廷主帅桑保利承认道："我们都没法把球传给梅西，让他进入他习惯的节奏。我们尽力给他传球，但对手竭力阻止他接球。"

小组赛最后一轮，C罗射飞了点球，葡萄牙1比1打平伊朗，以小组第二出线。而梅西带阿根廷对阵尼日利亚，这一战是生死战了。

2018年世界杯小组赛对尼日利亚，进球后庆祝的梅西

阿根廷对尼日利亚，梅西第 14 分钟接埃沃·巴内加长传，用左侧大腿停球，卸下，右脚射门得分。

这个球有点像 20 年前 1998 年世界杯，荷兰的冰王子丹尼斯·博格坎普对阿根廷那脚接长传后的外脚背射门，当然没那么华丽，但难度也不低。一个 31 岁的人忙于反击，一个 170 厘米的人接高空长传，左撇子用右脚射门，梅西做的都不是他擅长的事，但他做到了。绝境之中，他把握住了自己的命运。

然后，他不停地策动阿根廷的攻击，全场触球 92 次，过掉 7 人，被犯规 5 次。终于在比赛第 86 分钟，队友罗霍抢点射门，阿根廷以 2 比 1 获胜。

与 C 罗的葡萄牙一样，梅西的阿根廷以小组第二出线了。

明明葡萄牙与阿根廷都不是大热门，但仅仅因为 C 罗与梅西，世界就会关注他们。

因为，他俩就是这么伟大。而在 2018 年，全世界都在看"绝代双骄"的竞逐。

梅西沉静自持，C 罗倔强勤奋。
一个是天才的创造者，一个是终极的攻击手。

5 个金球奖对 5 个金球奖。
巴萨对皇马。

梅西传奇

一个是从阿根廷来的热爱外祖母，热爱青梅竹马的女孩的少年；一个是从葡萄牙海岛上来的热情洋溢，拒绝被看低的少年。

一个进球后会双手指天，向故去的外祖母示意；一个进球后会将自己背上的"7号"号码展现给全世界看。

但他们都缺一个世界杯冠军。

如果 2018 年，他们任何一个人拿到世界杯冠军的话……

然而，小组出线之后，命运却和他们开起了玩笑。

阿根廷对战法国。阿根廷 10 号梅西的对面，是法国 10 号——比他小 11 岁半，身价 1.8 亿欧元的法国天才基利安·姆巴佩。

这本该是阿根廷 10 号梅西的闪耀之战，结果成了梅西的送别之战，也成了法国 10 号姆巴佩的成名之战。

法国的主帅，1998 年作为队长带法国拿下世界杯冠军的迪迪埃·德尚，后腰出身，性格保守，但知错就改。他擅长不求有功但求无过的反击。阿根廷主帅桑保利则处境尴尬：小组赛，他破不了冰岛的密集防守；对克罗地亚换 343 阵型，结果却被打穿；对尼日利亚摆着 442 阵型，但经常打出 361 阵型的感觉，靠长传梅西和两边传中才赢球出线。

对阿根廷一战，明明法国阵容更强，但德尚紧缩防守，全队都收着打。阿根廷压了出来，于是拥有当世最快速度的法国小将姆巴佩中场拿球，一路奔袭，造了一个点球。法国1比0领先。

失球后，阿根廷加大了攻势，迪马利亚和梅尔卡多各进一球，阿根廷以2比1反超。

法国左路卢卡斯·埃尔南德斯反击前插，送出传中，法国右后卫本杰明·帕瓦德跟进，超级远射得分。

定位球乱战中，姆巴佩进球得分。

法国反击中，法国巨人中锋奥利维尔·吉鲁给姆巴佩做球，姆巴佩一脚锁定。

到姆巴佩射进本场法国队的第4个球时，法国的控球率只有38%而已。

反过来，阿根廷主帅桑保利布下了433阵型，却既不让抢点能力绝佳的塞尔吉奥·阿圭罗上场，也不让身高186厘米的伊瓜因上场，却由

2018年世界杯输给法国队之后的梅西

梅西传奇

梅西独自突前。于是法国队得以藏拙，紧缩，反击。

阿根廷依靠安赫尔·迪马利亚的远射得分，之后加布里埃尔·梅尔卡多和阿圭罗也进球了。但这不妨碍法国以 4 比 3 淘汰阿根廷，结束上届亚军阿根廷的世界杯之旅。本场独进两球还造了一个点球的基利安·姆巴佩，就此一战成名。

1998 年 12 月出生的姆巴佩，虽只有 178 厘米高，但双腿极长，步幅巨大。他重心又不高，步伐轻盈。他最喜欢的突破方式很奇怪：保持着重心，交叉步横滑走内线假动作，然后磕球变向，长腿忽然伸出，从对手身旁外侧呼啸而过。而一旦队友送出身后球，他能强行从对方身前启动，眨眼间弥补两个身位的差距接球。

此前一个赛季，他在法甲和欧冠的赛场上，只有 17 个进球、11 次助攻，但这一场比赛后，全世界都知道他有多强了。在某种程度上，是这场比赛让姆巴佩真正走上了巨星之路。

就在梅西和阿根廷被淘汰时，另一场 1/8 决赛，C 罗的葡萄牙输给了乌拉圭。梅西的巴萨好队友苏亚雷斯，淘汰了 C 罗。

"绝代双骄"就此结束了 2018 年世界杯之旅——连被淘汰，他俩都是前后脚。

法国之后将拿下世界杯冠军，莫德里奇将拿下金球奖，法国的安托瓦内·格列兹曼将拿到银球奖，姆巴佩则在这届世界杯后——以淘汰阿根廷那场比赛为契机——冉冉升起。

仿佛是在暗示一个时代要走向转折点似的，2018 年夏天，C 罗离开皇马，加盟了意大利尤文图斯。

梅西回到巴萨，继续带领这支新老交替并不算顺利的球队。

他俩都在世界杯失意，也都或多或少地老去了。

2018 年秋天，梅西得面对这个现实：伊涅斯塔走了，保利尼奥走了。球队新来了巴西格雷米奥的 22 岁中场阿图尔，以及塞维利亚的法国后卫克莱门特·朗格莱。拜仁的智利中场悍将阿图罗·比达尔也来了。

巴萨在 2018—2019 赛季的西甲联赛中依然顺风顺水，最后 26 胜 9 平 3 负，巴萨夺冠了。梅西 34 场联赛进了 36 球，在各色比赛中进了 51 球，一如既往地发挥优秀。

但他担负的责任越来越大了。

伊涅斯塔于 2018 年 5 月离开巴萨，31 岁的梅西被任命为球队新队长。2018 年 8 月 12 日，巴萨以 2 比 1 击败塞维利亚，拿到西班牙超级杯冠军，这是梅西作为巴萨队长拿到的第一个冠军。一周后，2018 年 8 月 19 日，梅西梅开二度，巴萨在西甲赛季揭幕战中以 3 比 0 击败阿拉维斯，是为历史上巴萨的第 6000 个进球。9 月 18 日，巴萨在欧冠小组赛首场以 4 比 0 战胜埃因霍温，梅西踢出欧冠创纪录的第 8 次帽子戏法。巴萨的 4 个进球，包括：

第 1 球，梅西精确的旋转任意球，球出去还没进门时，他已经开始向侧面小跑庆祝了。

第 2 球，登贝莱内收到左前锋位置——苏亚雷斯在右前锋位置，梅西后置——拿球转身，奔袭怒射进球。

第 3 球，苏亚雷斯策应，梅西接拉基蒂奇挑传前插射门，此时右翼罗贝托套边接近底线，左翼登贝莱也在站位。

第 4 球，左翼登贝莱在拉开空间，苏亚雷斯回撤靠右，一脚身后球，梅西中路突刺，轻松射门。

第 1 个进球自然归功于梅西当世无双的触球能力。但第 2—4 个进球，苏亚雷斯与登贝莱的扯动都起了作用。

这也体现出这个赛季巴萨的风格：由于队员整体老化，巴尔韦德教练也尽量试图多让梅西站中路，减少奔袭和带球，直接威胁球门。

当巴萨防守时，站位是 442：梅西与苏亚雷斯顶在前面，年轻的登贝莱大幅度回撤，保持中场宽度，如此巴萨有两重四人防线。

打反击时，梅西主动右侧套边，苏亚雷斯回到中路游荡，登贝莱左边路插上，保持推进宽度，拉开空间——为了维持中场球员的空间，登贝莱经常跑到角球区附近去站脚助威呢。

而当形成阵地战时，巴萨两边后卫罗贝托与阿尔巴前插，拱卫在布斯克茨身侧，甚至前插与梅西平行，给他们两人提供出球选项；登贝莱回缩中路，苏亚雷斯自由牵扯，而梅西来到中路靠右位置。

这么说吧，防守时，442 站位，登贝莱回撤，梅西在右前锋位置；反击时，433 站位，登贝莱前插，梅西在右边锋位置；阵地战时，双边前插，登贝莱扯动，巴萨形成 2332 阵型，甚至 2341 阵型，梅西在中路靠右位置策动。

这意思是，双中卫—布斯克茨—梅西形成一条固定中轴，而登贝莱在双边的狂野纵向跑动，外加苏亚雷斯的自由扯动，形成一个动态外网。

这么做的结果是什么？梅西防守时可以少跑动，进攻时偶尔推进展示个人技巧，阵地战可以在群星拱卫下自由创造，描绘图景。

苏亚雷斯居无定所的跑位，登贝莱左翼锋和左内锋的位置变化，罗贝托和阿尔巴的插上，都是在拉开一张大网，于是梅西自由自在了：当他无须把体力浪费在折返跑和回撤接球上，而可以专心创造时，他就可以任性而为。

当然，这阵势也不是万能的。2018—2019赛季，巴萨很依赖两边套上和登贝莱的奔走，所以一旦被对手反击，巴萨两翼回收不及，就只能仰仗中路的皮克和乌姆蒂蒂了。

这套路里牺牲最大的，除了梅西，便是苏亚雷斯。登贝莱、阿尔巴和罗贝托奔跑牵扯，库蒂尼奥和拉基蒂奇出球编织，梅西自由创造，而苏亚雷斯得随时阅读局势，跑最妖异的位，出最合理的球。

但苏亚雷斯也有他的问题。2018—2019赛季一年下来，苏亚雷斯33场联赛射进21球。但是，连续两个赛季，苏亚雷斯在欧冠都是10场只进1球。

道理很简单：西甲联赛，巴萨相对有优势，有球权，场面没那么激烈，苏亚雷斯利用聪慧与妖异，能随意进球。

欧冠却是强强对话、绞肉机对决，是速度与力量的拼争。这种时候，苏亚雷斯难免力不从心，巴萨就只能依靠梅西。

于是梅西几乎得面对足球史上最凶猛的防守。所有人都知道他，了解他，但没有队友能分担他的压力。

2018 年 10 月 20 日，巴萨主场 4 比 2 战胜塞维利亚。但第 20 分钟，梅西摔倒，右臂受伤下场。他的桡骨骨折了，被迫休息了大约 3 周的时间。

养伤，复出。12 月 8 日，巴塞罗那德比，巴萨以 4 比 0 击败对手西班牙人队，梅西打进 2 个任意球——这是他 2018 年所进的第 9 个和第 10 个任意球。至此他本季联赛已进 11 球，成为史上第一个连续 13 个赛季在西甲联赛进球上两位数的球员。

2019 年 1 月 13 日，梅西在自己的第 435 场西甲联赛中射进第 400 个进球。2 月 23 日，梅西上演个人第 50 个帽子戏法，个人总进球数达到了 650 个，再助攻苏亚雷斯，巴萨以 4 比 2 击败塞维利亚。

但正如前文所提到的，巴萨最艰难的比赛，在欧冠。

2019 年 5 月，巴萨在欧冠遇到了前一年的欧冠亚军——英格兰钢铁之师利物浦。

这时大家都已知道了巴萨的问题：不太擅长防两翼，头球一向一般，怕反击。

多年以来，即便瓜迪奥拉在时，巴萨也很忌惮如穆里尼奥的国际米兰和皇马、迪马特奥的切尔西、海因克斯的拜仁这样强硬有力的球队。

结合梅西在世界杯上的遭遇，不妨说，他宿命中的敌人就是速度与力量至上的德国人——2006 年、2010 年和 2014 年，阿根廷都是输给德国队。

而 2019 年利物浦的主帅，是德国人尤尔根·克洛普。他的风格近乎绞肉机：433 站位，两边是萨迪奥·马内与穆罕默德·萨拉赫，中路则是伪 9 号巴西人菲尔米诺。菲尔米诺站的说是中锋，但纵向走位很灵活，防守时经常后撤很深，让利物浦形成 4312 阵型，他专门切割对方两个后卫的出球线路。一旦球权转换，菲尔米诺和前方萨拉赫与马内形成倒三角出球路线，冲击对方后卫。与此同时，利物浦两边路的特伦特·阿诺德和安德鲁·罗伯逊经常前插到仅次于三叉戟的深度。他们中路有身高体壮，堪称当世顶尖铁塔的中后卫维吉尔·范迪克支撑。

2019 年 5 月 1 日，诺坎普，巴萨首战利物浦，巴尔韦德教练的决定是求稳。首发阵容，他派上了善于拼抢的比达尔。

　　利物浦则上了荷兰人乔尔吉尼奥·维纳尔杜姆，如此形成菱形中场，维纳尔杜姆守可以与米尔纳等人切割传球，攻可以给马内和萨拉赫的内切送机会。

　　巴萨开场踢得谨小慎微，两翼不推前。利物浦拼抢得"穷凶极恶"，一度防守时站成了 523 阵型：两边马内与萨拉赫各对位阿尔巴与罗贝托，罗伯逊等人抢巴萨双后腰，维纳尔杜姆抢前顶巴萨后卫线。

　　巴萨果然也没打算中场过度组织。比达尔上来就是保持比赛紧凑度用的。库蒂尼奥更像个接球点，接球后果断选择回传或横传，再自己插上。

　　巴萨唯一果断向前的便是梅西与苏亚雷斯：前者大幅度回撤接球，中路直接往前带；后者走位飘忽，一直在打量范迪克的站位。利物浦前 20 分钟基本压着巴萨打——在诺坎普，巴萨被人占据控球率上风，真挺少见的。

　　20 分钟后，巴萨熬过了利物浦开场三板斧施压后，进攻变得流畅了一些。巴萨两翼始终没贸然压上。萨拉赫等人走外线是被允许的，但一走中路，巴萨的密集阵就来了，所以萨拉赫固然让人胆战心惊，马内一个加速也让罗贝托应付为难，但巴萨中路没被打穿。

　　利物浦只好反复横传调动，但巴萨一收，传中随意，内切没门。

　　这是瓦伦西亚之前对付巴萨的妙计，巴萨搬来对付利物浦了。

　　巴萨阵线推前，右路斜长传，左路插上，局部一个配合传中。苏亚雷斯中路跟进，妖异地前插，一击得手，巴萨 1 比 0 领先。

之后的比赛，多少进入了巴萨希望的节奏。巴尔韦德还是不太想要球权：实际上全场巴萨控球率都只有48%。左路进攻占到41%，右路只有21%。梅西不停地回撤接球，再突刺，全场盘带过人9次——他本季欧冠场均过人3.4次，联赛场均过人4次而已。

下半场，巴尔韦德教练很稳。罗贝托顶上中场，巴萨偏瘫的右路争气点了，能领球前进了，利物浦天下无双的绞肉机逼抢线被迫后撤。

这一下，巴萨就喘得过气了。梅西也从中圈拿球，变成了前场拿球。终于梅西接到直传后，再次中路突进。他自己跟进，打进第2球。2比0。

然后是梅西一个任意球，3比0。

英国解说员慨叹道：

> " 当我们以为梅西已经做到了一切的时候，他再次突破了我们的想象！"

这是梅西本季踢得最好的比赛。面对强大的对手利物浦，大多数时候，梅西身旁没有太多接应，身后没什么妙传，也就是苏亚雷斯在身前会带跑拉空一下。梅西上半场经常中圈拿球一对二，甚至一对三。

巴萨第2个进球，是他中路带球突进搅乱得手的；那个任意球得手，更是凭空而来，完全靠个人能力。

眼看巴萨似乎又要靠梅西的神奇晋级2019年欧冠决赛了，然而，没那么顺利。

第二场，利物浦坐镇主场安菲尔德，萨拉赫和菲尔米诺不上。似乎局面对巴萨有利。然而，利物浦的冲击力还是出人意料。

巴尔韦德教练没变阵，还是以稳守为主。结果巴萨开场失误，先被利物浦进球。巴萨0比1落后。但好歹半场过后，巴萨依然保有3比1的总比分优势。

但下半场，巴萨出了问题。

大概巴尔韦德也不想一直坐守，也想展开攻势，掌握球权试试看。但问题来了：巴萨整体前移，利物浦立刻快速抢球，闪电战反击，连进两球。

巴萨左路空虚，球到中路，维纳尔杜姆射门，比达尔回撤铲抢补位，没来得及。之后比达尔在右翼一抢二，可惜没抢下来，传中，维纳尔杜姆抢点得手。

转眼间，利物浦已经3比0领先巴萨，双方总比分3比3了。

大比分3比3后，巴萨就很尴尬了：体力越拖越差，利物浦主场气势如虹。之后利物浦的特伦特·阿诺德送出角球助攻，迪沃克·奥里吉射门得分。利物浦4比0领先巴萨，总比分4比3，完成神奇大逆转。

巴萨就此被淘汰出2019年欧冠。

又一次，被更强硬的对手逆转。又一年，大比分领先，却被绞肉机击碎。

之后，利物浦将在2019年欧冠决赛中击败同为英格兰球队的托特纳姆热刺，拿下2019年欧冠冠军。

巴萨还是拿下了2018—2019赛季的联赛冠军，但很显然，连年输给马竞、尤文图斯、罗马和利物浦这些强硬的球队，连年与欧冠四强无缘后，巴萨似乎已经和这个狂奔的时代脱节了。

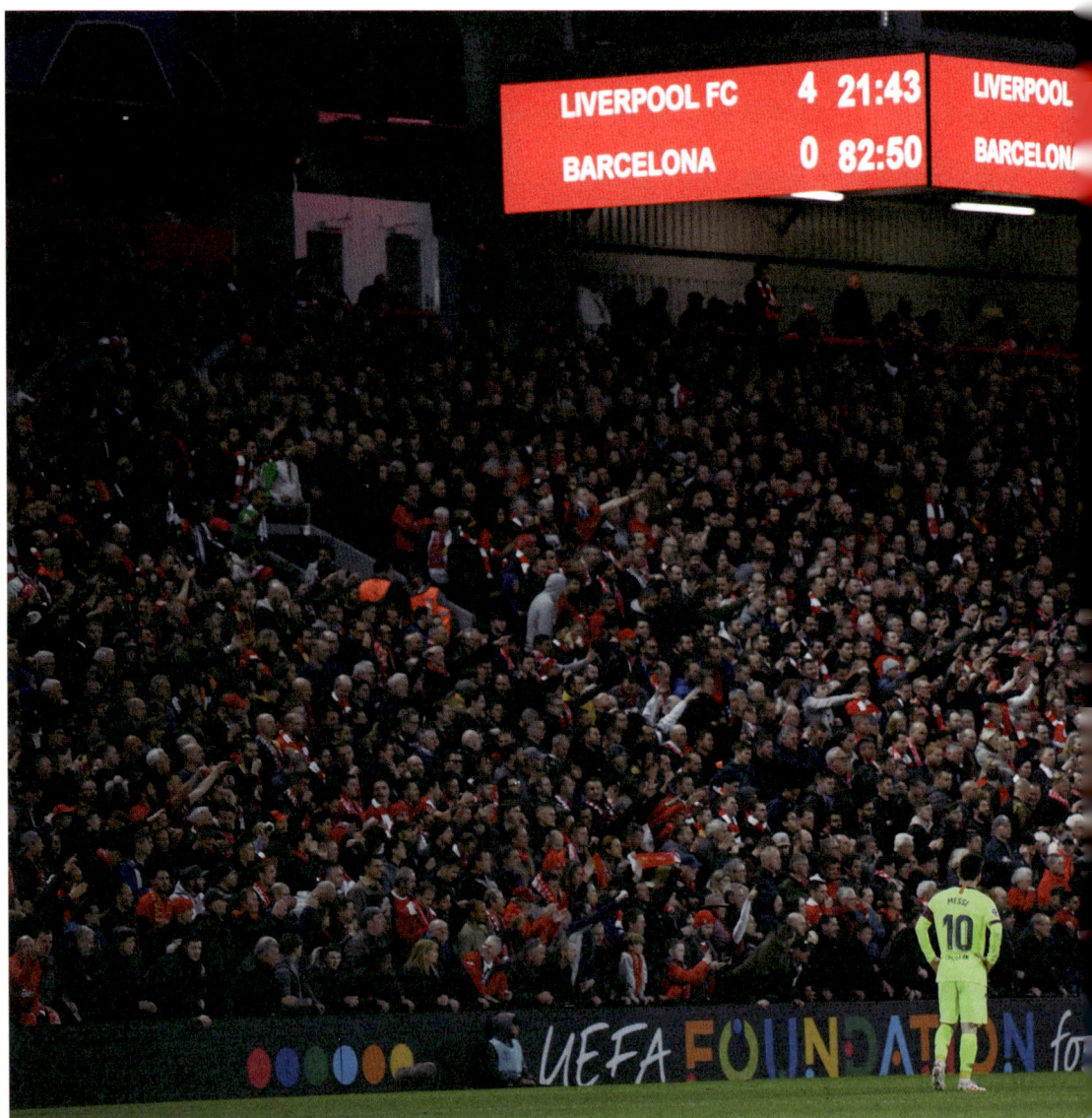

梅西传奇

2008—2012 年，西班牙与巴萨双线奏凯，"传控流"一时纵横天下，全世界强队都想模仿他们的传切配合。那也是梅西踢球最舒服自在的时候。

但 2014 年后，西班牙国家队不复当年，巴萨也无法坚持传统的传控流。

2016—2018 年的皇马欧冠三连霸，越到后来，越依赖 442 阵型的快速反击。

2018 年世界杯，法国队靠速度与反击击败阿根廷，拿下世界杯，也算时代潮流的体现。

2019 年欧冠四强里，除了利物浦和热刺两支英格兰球队，便是巴萨，以及荷兰青年军阿贾克斯。最后，两支英格兰球队进了决赛。

大概这个时代，细腻传控型的球队依然可以统治联赛，如巴黎圣日耳曼之于法国甲级联赛，如瓜迪奥拉执教的曼彻斯特城队之于英格兰超级联赛，如巴萨之于西甲，但他们一一倒在了欧冠决赛门外。利物浦和热刺都带有全攻全守和绞肉机的色彩，拼的就是全场攻防。用英国媒体的话说："（利物浦和热刺踢得）真是美丽！——从英国足球的角度来讲。"

2018—2019 赛季欧冠，客场被利物浦大逆转后的梅西大概这就是英国人的审美：不一定多精致，但是施压，跑动，逆转。在 2019 年的欧冠淘汰赛中，阿贾克斯跑垮了皇马，利物浦跑垮了巴萨，曼联逆转了巴黎圣日耳曼，靠的就是这种全攻全守、寸土必争的绞肉机踢法。对这个时代的顶尖球队而言，重要的不是局部的精巧，而是整体的相持能力。比赛不会太好看，也许会很闷，但维持住节奏，让每个人都如机器般到位，才是关键。利物浦 2018 年成为欧冠亚军，2019 年夺冠：也许他们并非最华丽的球队，但能将寸土必争的执行力维持得最久。

> 这个时代比的已经不是谁更华丽，而是谁最紧凑、持久，谁最少犯错吧。

而巴萨在这场军备竞赛中，已经慢慢落后了。

曾经 2006—2016 年，巴萨只被马竞阻挡，没进欧冠四强。但 2017 年、2018 年和 2019 年，巴萨连续被意大利的尤文图斯和罗马，外加英格兰的利物浦所淘汰。当对手施展强硬打法时，巴萨很难应付。

2019 年 5 月 21 日，与梅西同名的莱昂内尔·斯卡洛尼，组建了新的阿根廷国家队，以参加 2019 年巴西美洲杯。

6 月 19 日小组赛第二战，梅西在 1 比 1 战平巴拉圭的比赛中打进点球扳平比分。9 天之后，在传奇的马拉卡纳体育场进行的 1/4 决赛中，阿根廷以 2 比 0 战胜委内瑞拉。赛后梅西自我批评状态不佳，但也批评了质量不佳的美洲杯球场，这让巴西人心头不爽。7 月 2 日，半决赛，阿根廷遇到东道主巴西，以 0 比 2 败北。梅西赛后批评了裁判偏向东道主，更让巴西人大为光火。7月6日对阵智利的季军战，梅西凭借任意球助攻阿圭罗首开纪录，最终阿根廷以2比1取胜，夺得铜牌，勉强算是报了对智利的一箭之仇。但南美媒体，尤其是巴西媒体，没放过梅西。

阿根廷再次与冠军无缘，梅西还敢批评巴西？

无论是巴萨还是阿根廷，梅西都在面对足球世界日益冷酷而艰难的那一面——那以他卓越的个人技巧，也会觉得头疼的一面。

但他依然在努力着。

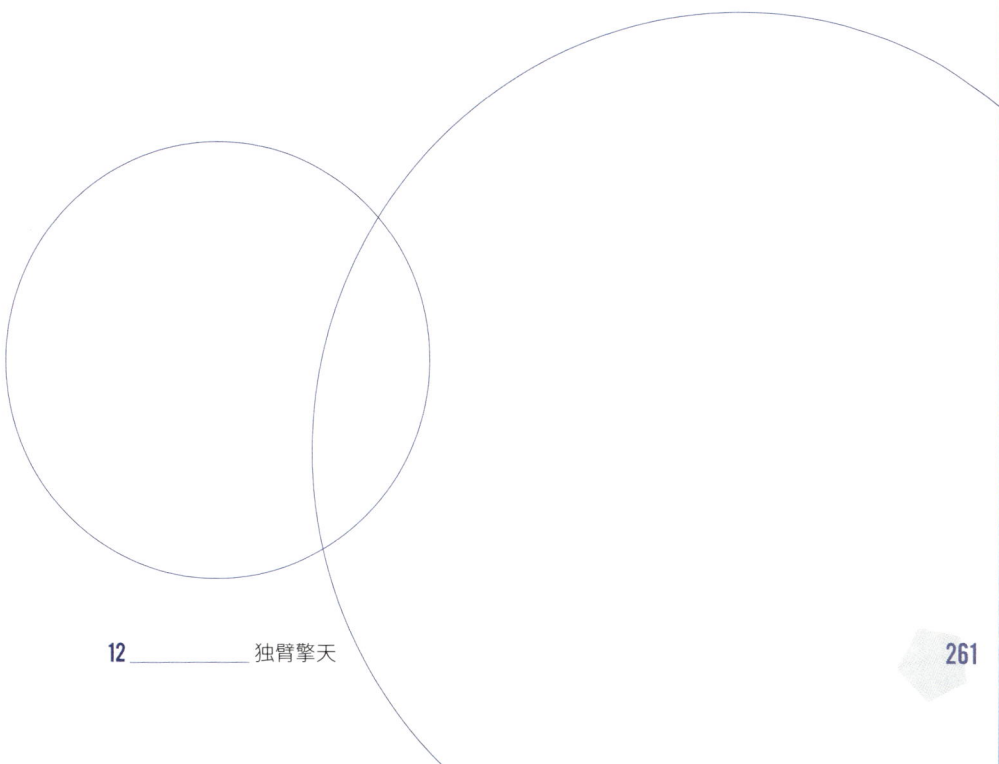

13. 崩裂的
阴影

2019 年夏天，由于新来的登贝莱和库蒂尼奥都未能取代离去的内马尔，巴萨又动心思了。

他们花 7500 万欧元，从阿贾克斯买来了年轻的荷兰中场核心弗兰基·德容；又砸出 1.2 亿欧元，买下了马德里竞技王牌前锋、法国队 2018 年世界杯功臣、2016 年欧洲杯最佳球员安托瓦内·格列兹曼。

2019 年 8 月，巴萨将库蒂尼奥租给了拜仁，此举也算是间接承认当初花上亿欧元巨资购买的库蒂尼奥，实在不算成功。

自内马尔离去后，巴萨买了 3 个上亿欧元的进攻手：库蒂尼奥、格列兹曼和登贝莱。

13 _____ 崩裂的阴影

在巴萨最后一个完整赛季，内马尔进 13 球，11 次助攻。

在利物浦最后一个完整赛季，库蒂尼奥进 13 球，7 次助攻。

在马竞最后一个完整赛季，格列兹曼进 15 球，9 次助攻。

在多特蒙德最后一个完整赛季，登贝莱进 6 球，12 次助攻。

他们的数据、身形、年纪都很相似，但具体踢起来，区别并不小。

库蒂尼奥更像是菱形中场里的前腰。他有视野，能拿球，轻盈灵巧，也能远射，能在中路操作。内马尔则有球爆发力更强，所以边路突击能力和一对一能力都在库蒂尼奥之上。

格列兹曼却是天生的影锋，也适合做内切型边锋。他的优势是非常全面，左右边锋、中路影锋都能踢，而且无球能力强。在马竞时期，考验他的反击速度，他不错；在法国队，他是中场与中锋的连接带，他也行。2016 年和 2018 年，金球奖他都进了前三名，而且考虑到马竞和法国队都不以控球见长，他的进攻机会其实不太多。

但放到巴萨的大环境中，情况又复杂了些。

内马尔走后，巴萨暴露出了一些现实问题：

巴萨的整体进球数据下降了，同时梅西的进球数据却提升了。巴尔韦德特别依赖梅西拿球和创造进球机会。

梅西传奇

苏亚雷斯在欧冠客场，进球很困难了：联赛里，他依然是杀手，但欧冠这种强压氛围中，他没法再单挑对方防线了。

梅西与苏亚雷斯的体能下降，无球跑动减少，所以他俩的攻击必须无限接近中路。

结果就是：巴尔韦德经常让巴萨开场摆出433阵型，然后布斯克茨后撤，两翼插上，形成3412阵型。因为巴萨缺乏无球跑动，所以阿尔巴和梅西成了进攻的关键。当然，这样也让巴萨无力维持全场高压攻防，所以会被利物浦压垮。

自从哈维和伊涅斯塔离去后，巴萨真正缺的反而是中场和中锋。此前一个赛季，年轻的巴西人阿图尔表现出色，但到与欧冠级别绞肉机对决时，他就不如比达尔靠谱。布斯克茨和拉基蒂奇年过而立。

所以巴萨买下格列兹曼这一招，并不算特别明智。

2019—2020赛季继续进行。梅西开季因伤缺阵。西甲四场比赛下来，巴萨进12个球，在联赛参赛球队中进球最多；丢7个球，在联赛参赛球队中失球第三多。他们不缺进攻能力，但防守依然不太行。

此前两个赛季的巴萨，巴尔韦德的排兵布阵很是保守。2018年春天，他一度还有过"中后场球员不要比梅西更靠前"的指示。

2019—2020赛季至此，梅西不在，巴尔韦德好像也换了脑子。

巴萨在试图制造"阿图尔+德容+布斯克茨"的中场三角。阿图尔的跑和传是编织器，德容则在试图展现出一些核心发动机的特质。

同时，巴萨左路，出了个拉玛西亚的新天才——安苏法蒂。他的有球能力卓越，还有奇异的想象力。

由于疲倦与伤病，梅西在2019年9月17日才为巴萨出场。到10月6日，他才凭借任意球完成了本季的第一个进球。10月23日，巴萨客场对布拉格斯拉维亚，梅西射进个人本季第一个欧冠进球——这是他连续第15个赛季在欧冠进球了。6天后，巴萨对巴拉多利德，梅西射进了一个精彩的任意球，是他职业足球生涯的第50个任意球。

赛季中途输给格拉纳达一场后，巴萨又打了个四连胜，包括4比0击败塞维利亚的那场。巴萨甚至试图用新来的德容代替布斯克茨，作为球队大脑。德容也确实表现不错，站位、前插、出球路线、调理、平衡，清清楚楚。他负责当大脑，阿图尔负责缝合球队，比达尔狂奔。

2019年11月9日，巴萨对阵塞尔塔。第42分钟，卢卡斯·奥尔萨一个禁区前左脚任意球旋过人墙，为塞尔塔将比分追到1比1。

下半场开始后1分钟，几乎同样的位置，梅西回了一个任意球。2分钟后，梅西又进一球。

于是梅西踢出2019—2020赛季西甲第一个帽子戏法，且3个进球都是定位球：1个点球，2个任意球。

西甲上次有人任意球梅开二度是在 2018 年 12 月 9 日，巴萨对西班牙人的赛场上——还是梅西干的。

这也是梅西职业足球生涯第 52 个任意球得分了。

是的，任意球成了关于梅西的新话题。

2008—2011 年这 3 年，梅西进了 4 个任意球。据说 2010 年世界杯时，马拉多纳还认为梅西任意球不够好。

梅西主罚任意球

2011—2012 赛季，3 个。

2012—2013 赛季，6 个。

2015—2016 赛季，9 个。

2017—2018 赛季，7 个。

2018—2019 赛季，8 个。

2019—2020 赛季开始之后，迅速就进了 4 个。事实上，2019—2021 这两个赛季，梅西各进了 5 个任意球。

话说像梅西这样，在职业生涯的不同阶段，在几乎所有有球技巧（带、过、停、射、传、定位球）上都达到过当世顶尖的水平，也是足球史奇观。

> 梅西的盘带不以幅度著称（不像大罗、小罗和内马尔），好在触球的精确和节奏；梅西的射门不以大力著称（当然不像巴蒂，其实也不像类似身高的卡洛斯），好在出球的突然与角度的微妙；梅西的低传、带球、停球，都是以幅度小但精确著称的。

任意球也是。他的小腿摆动、脚踝旋转和吃球位置的精确，有扎实的功底。所以他要练出好任意球来，就这么简单。

同时，这也是梅西在西甲的第 34 个帽子戏法——追平了 C 罗。

稍后的 2019 年 12 月 2 日，梅西拿到了 2019 年金球奖——他自己的第 6 个金球奖。

梅西传奇

2019 年，梅西拿到第 6 座金球奖奖杯

其实在 2018—2019 赛季，梅西还创纪录地第 6 次拿到了欧洲金靴奖，创纪录地 6 个赛季进球超过 50 个，创纪录地……

只是提到纪录，大家都麻木了。

2018—2019 赛季，梅西获得西甲冠军，打进欧冠四强，完成 51 个进球、19 个助攻。

他在欧冠的 10 场比赛中也进了 12 个球。在巴萨被利物浦大逆转前，是他的神奇任意球让巴萨得到那么大比分的领先，才有了被逆转的资格。其实已经很好了——但因为是梅西，所以总会被嫌不够好。用英格兰媒体的话说，梅西"又一年稳健地发挥"而已。

本来，提到精确与稳健这类形容词，该是形容后卫的。进攻球员，应该提倡迅疾、变化与灵感。

但梅西年复一年的表现，真正体现了精确与稳健。

他已经 32 岁了，论带球的爆发力，内马尔也许都能做出比他更华丽的动作。

论奔袭，他也已经没有 2007 年的破坏力了。

但到 2019 年，32 岁的梅西只是精确地处理球，接、传、带、射、走，靠几乎史上无双的触球技术，把灵巧与变化融入每个日常瞬间。这就是梅西了。

个人拿到 6 个金球奖，在"梅罗"时代之前，这不可想象——普拉蒂尼、克鲁伊夫、范巴斯滕、齐达内、罗纳尔多这些历史上的巨星，很努力才能拿到 2 个、3 个金球奖。

"外星人"罗纳尔多巅峰期的破坏力几乎无与伦比，但他会遭遇伤病。范巴斯滕是个完美的中锋，但也只能健康撑到 28 岁。普拉蒂尼会老去。齐达内会在 2002 年拿到欧冠冠军后，立刻折戟世界杯。里瓦尔多 2002 年拿到世界杯冠军（表现甚至不逊色于"外星人"），但到了米兰后，就被新来的卡卡超越了，巅峰期过去，时年不过 30 岁。

本来世界足球的常态就是你来我往，此起彼伏。任何一项运动都是。

梅西也不是神。到 2019 年，他 32 岁了，他也老了。他的体能不如以前了。他的奔袭和连续过人的能力，肯定不如 2009 年了。

但他在别的地方弥补着：任意球、传球、走位。他的位置变换着，全世界都在研究怎么盯防他。他也在老去，也在转型。巴萨的中场自哈维与伊涅斯塔走后持续低迷，加上苏亚雷斯的出现，梅西无法再站 2012 年的伪 9 号位置。他其实没在自己最擅长的位置，已经很久了。

其他球员的老去、换位、转型，往往伴随着表现下滑。

而梅西的老去、换位、转型，伴随的是年复一年大量进球，日复一日每一个触球都很精准，还不小心又破了一堆纪录。往昔的奔袭突破、内切进球减少了，改成了任意球和后插上进球。

于是没人觉得梅西在老去，在调整，在转型。

对梅西和 C 罗而言，大多数的挑剔都建立在最高等级的标准上。

与他们比较的对象，都是历史上伟大的球坛巨星——其中包括过去的他们自己。

2012 年，梅西站在最适合的位置，有最熟悉的中场，那一年他"进球如麻"。那时的梅西，可以说是时来天地皆同力。到 2019 年，全世界都在用高位压迫战术了。巴萨不朽的梦幻中场也拆了重建了。梅西还是能稳稳地做这么多，就算逆天而行了。

通常天才型的球员，大多会被伤病找上（比如卡卡），或者会自己情不自禁地荒废（比如小罗），也有可能两者兼有（比如"外星人"罗纳尔多）。所以天才型球员大多昙花一现。

如此才显得梅西很特别，把天才级的精确化为日常操作。无论年岁、潮流、身体状况、风格、位置如何改变，最后都无法改变他日复一日、年复一年的进球。

拿到 2019 年金球奖 6 天后，巴萨对阵马略卡，梅西完成自己的第 35 个帽子戏法。但坏消息又来了：2020 年年初，苏亚雷斯做了手术，要休息 4 个月了。

对巴萨而言，这意味着 4 个月里，球队没有第一中锋，尤其是苏亚雷斯刚在 2019 年 12 月得了西甲最佳球员，状态大好，比起过去两季欧冠只进 2 球的尴尬，他本季门前嗅觉似乎回来了。虽然因为体力之故，参与全队推进和球权的战术职能有所下降，但他的走位、灵感和妖气，还是能"无中生有"。何况，他和梅西的灵犀暗通，依然是独一无二的。

现在他伤了，巴萨没有一个真中锋了。而对已近 33 岁的苏亚雷斯而言，这也几乎是他在巴萨的最后时光了。

职业足球世界就是这样：一切都可以有的谈，只有时间本身是无可挽回的。

苏亚雷斯不在的时间，梅西继续努力着。

2020 年 2 月 22 日，巴萨主场对阵埃瓦尔，梅西又一次独进 4 球。

但随后，因为蔓延全球的疫情，西甲赛季一度中断。到夏秋之间西甲赛季重开时，6 月 30 日对马竞，梅西完成了他职业生涯的第 700 个进球。

11 天后对巴拉多利德，梅西助攻比达尔进球，自己完成赛季第 20 次助攻，追平了西甲纪录：此前的纪录，是他的队友哈维在2008—2009赛季创造的。

整个2019—2020赛季，梅西联赛射进25球，助攻21球。巴萨拿到联赛第二。在苏亚雷斯缺席半季的情况下，梅西真的已经将巴萨推到了极致。另外，在同样被推迟的欧冠中，巴萨也还没被淘汰。

2020年8月9日，在推迟举行的欧冠赛上，梅西带队以3比1击败意大利的那不勒斯晋级，挺进1/4决赛。

但这并不是因为巴萨比那不勒斯出色。

那不勒斯的433高位逼抢，对巴萨的压制是成功的。巴萨防守时站4312阵型，其实是窄阵，放弃了两边，保护了中路，也节省了锋线的体力。进攻时，巴萨两翼不敢太突前，怕被人从身后打穿。

这就导致巴萨经常纵向不深，横向拉长。大家来回传球，梅西和苏亚雷斯回撤接应，打一两个突破点。从视觉上看，就体现为巴萨老是横传倒脚，抠墙角磨空间。而梅西和苏亚雷斯，总在禁区里以少打多。

巴萨第一个进球，是后卫朗格莱接角球头球破门。

然后梅西进了一个神奇的球：右路接球，从两个人中间抹过，失去平衡，倒下，控制住身形，让过当世顶尖中后卫卡里杜·库利巴利，再面对两个人的防守，外加守门员的严防死守，还来得及做一个无触球假动作，钩出一脚去，破门。

右，左，倒，起，右，左，射。

当世顶尖中卫库利巴利赖以制胜的精巧卡位也无济于事，梅西就从他身旁自由游走。

　　方寸间能过两个人，能倒地起身让过一个，面对另两个人外加守门员，能找到射门角度，射门之前，居然还来得及做个假动作。

　　之后梅西创造点球，由苏亚雷斯射进——梅西越来越喜欢把点球让给队友来射了。于是巴萨3比1赢了，晋级了。

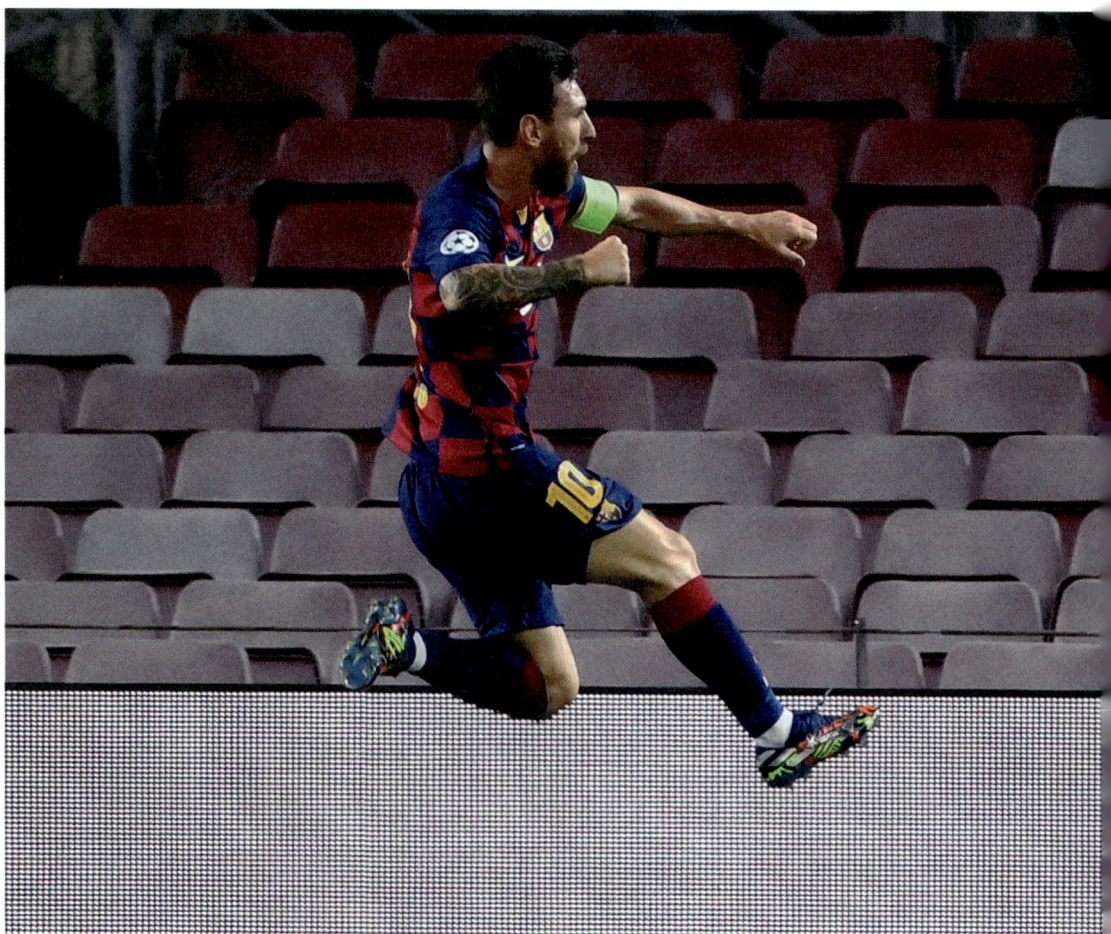

梅西传奇

事实是，2020 年秋天，巴萨无法维持持续跑动的防守施压，两翼不能大幅度压上，于是没有纵深，于是来回转移，等到梅西施展神奇。

梅西这个神奇进球的背后，是他（与苏亚雷斯）的妖异经验，以及德容的向前能力。上半场巴萨有体力时，阿尔巴还能套上回撤跑一跑，带巴萨的左路进攻；下半场巴萨没体力时，就又只剩下梅西和苏亚雷斯在前面牵制，全队窄阵回撤，窝着打。

虽然赢球了，但真的很辛苦。就像梅西这个进球一样：神奇，但辛苦。一个人打对方一条后防线。

巴萨第三个进球，梅西前场逼抢，抢出来一个点球，得分了。但场面上，巴萨控球率 51%（对他们而言算低了），射门 7 对 18 落后。

不是巴萨强过那不勒斯，是梅西压倒了那不勒斯。

欧冠 1/4 决赛，巴萨的对手是老冤家德国的拜仁慕尼黑。巴萨以 3 比 1 击败那不勒斯的同时，拜仁以 4 比 1 解决了英格兰的切尔西。

拜仁当时有新帅汉斯·弗里克，他进行了套路改革：首发 4231 阵型，进攻时变 343 阵型。

由当时全世界顶尖的右后卫、后腰全能的约书亚·基米希策动，托马斯·穆勒回撤，以保持中场多出球点；前场大幅度穿插换位。

而锋线上则是波兰巨星罗伯特·莱万多夫斯基，此前 10 年，他与本泽马、苏亚雷斯并列当世一流中锋。

梅西对那不勒斯的进球，是在密闭空间下，靠个人能力闪出连环围。

因为 2020 年的巴萨，无法保证给他空间，只能维持球权，争取把球给到他那里。梅西的进球是技术性的，是个体能力闪转腾挪的巅峰体现。巴萨整体也是这样：空间、速度都无法保证，更多的是靠经验与个人技术。

莱万代表拜仁的进球和助攻，靠着跑位、纵深速率、跑传接和球队整体工业化流程，机会一个接一个。在这样的环境下，莱万都踢得放松了——因为按套路耐心细致地踢，就自然找到机会了。

所以巴萨遇到拜仁，是以梅西为代表的拥有足球世界顶尖技术的个人，要遇到足球世界执行力最强的工业机器了。

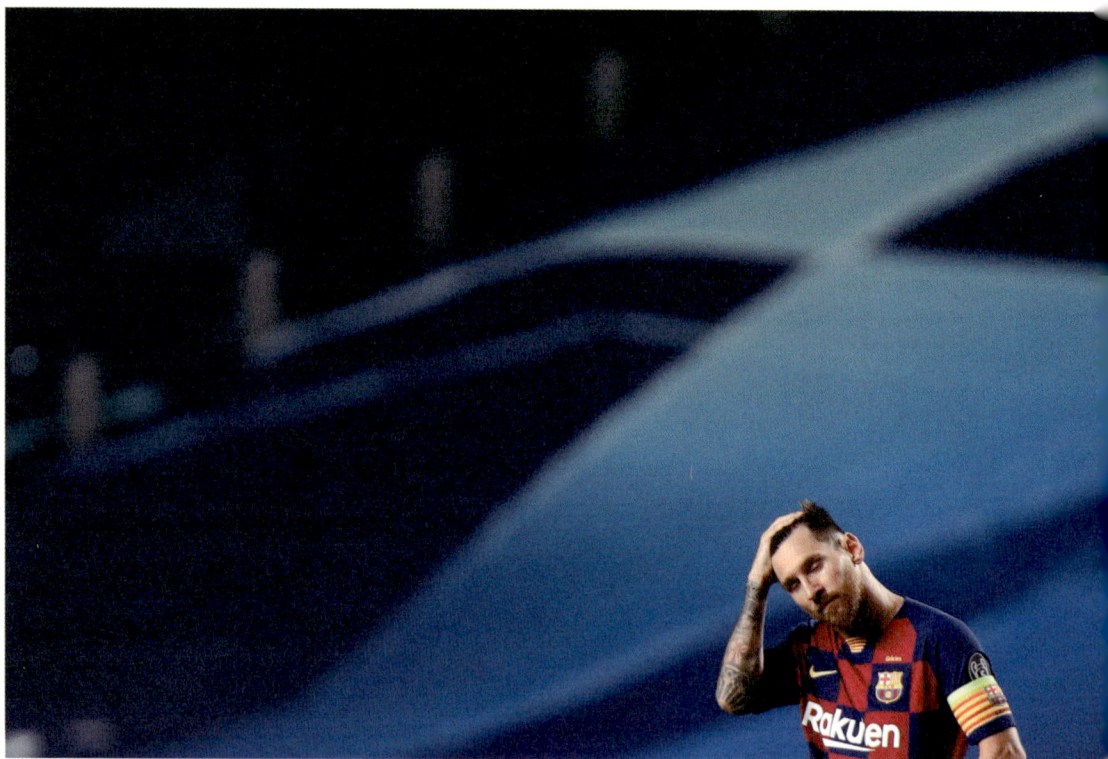

对阵拜仁惨败后的梅西

梅西传奇

结果也惨不忍睹：8比2。拜仁慕尼黑的钢铁洪流碾压了巴塞罗那。

拜仁对巴萨，射门次数26比8，上半场比分4比1，下半场比分4比1。从头到尾，拜仁压着巴萨打。

比赛体现出来的简直是代际的差距：工业化流水线碾压了个人天才。

巴尔韦德已经算保守了，首发没让格列兹曼上，采用442阵型。拜仁还是4231阵型，防守时高位施压。

光上半场就起码有两次这种情况：德容无球跑摆脱拜仁高大的中场莱昂·格雷茨卡时，托马斯·穆勒回追来纠缠他。因为巴萨中场，只有德容一个向前出球点。锁住他，就搞定了。

拜仁自己进攻时，每当获得球权，就快速纵深向前。当年出身于巴萨的蒂亚戈与德国第一传球手基米希轮番出球，梅西的老冤家托马斯·穆勒经常回撤接应帮忙分边，然后禁区里形成人数优势，起球包抄。

拜仁这么踢，当然有破绽：基米希前插到中场后，右路留了空隙。巴萨的2个进球，都是长传打基米希身后，一个是阿尔巴横传造成拜仁乌龙；一个是下半场，博阿滕被苏亚雷斯晃过，让巴萨进了第2球——还是基米希前插，巴萨长传打拜仁右路。即，也就是说拜仁的2个中卫，本场都有不那么光彩的表现。巴萨也抓住了机会，进了2球。

但仅此而已了。

巴萨只有一个出球点，被封杀之后，进攻停滞不前。反过来，拜仁的绞肉机高位施压，一断一个准。

拜仁与利物浦同是绞肉机型球队，但利物浦更依赖三叉戟前锋的个人能力和两边后卫，疯狂套上，燃烧热血。拜仁却有基米希、蒂亚戈和穆勒这3个出球手，没必要那么走极端，结果打得也是路线清晰。

拜仁第1球，左路伊万·佩里西奇起球，穆勒和莱万二人配合，穆勒进球。

第2球，塞尔吉·格纳布里前场拿下球，自己跑位，给佩里西奇；佩里西奇左翼小角度射门得分。巴萨的防守者都堆在后点挡穆勒和莱万，无法顾及。

第3球，莱万回撤接应，格纳布里空切，进球。

第4球，拜仁前场逼抢得手，左路传中，右路得球后再传中，穆勒和莱万包抄前后点，穆勒得手。

第5球，阿方索·戴维斯左路突破，底线回传给后插上的基米希。

第6球，租借到拜仁的库蒂尼奥被换上场，左路接穆勒传球前插传中，莱万后点头球点入空门——屠杀到这会儿，他才进第一个球。

第7球，守转攻，穆勒在弧顶等候，等到左翼库蒂尼奥上来，给他传球，轻松推射。

第8球，蒂亚戈起球左翼，埃尔南德斯传中，库蒂尼奥梅开二度。

6个左路起球，1个右路传中，1个中路身后球。靠的是中路快速分边穿刺，中路多点包抄。拜仁的王牌杀手莱万只需要进1个球，因为其他人都能到位。

巴萨租给拜仁的库蒂尼奥被换上来，对阵巴萨。库蒂尼奥进2球，助攻1次，这算是拜仁对巴萨的终极羞辱了。

在巴萨体系里没位置的库蒂尼奥，到了拜仁能有这个作用，无他：

梅西传奇

拜仁的体系运转太流畅了。得球后快速纵深推进，快速分边，多点包抄得分，这中间，任何一个角色都可以互换。

莱万可以助攻，可以传中，可以抢点；穆勒可以抢点得分，可以回撤出球；库蒂尼奥的两进球一助攻分别是左边跟进和中路包抄；基米希右路传中助攻，自己跟进得分，中场负责出球。

拜仁的进球，除了戴维斯左路一条龙突破有炫技成分外，其他都是简单的"传—切—射"。

角色可互换，跑位清晰，像工业流水线似的。

可能是巴萨老了：的确，梅西、皮克和比达尔都 33 岁了，苏亚雷斯、布斯克茨 32 岁，阿尔巴 31 岁。

但拜仁那边，穆勒、佩里西奇 31 岁，莱万、博阿滕也都 32 岁了。

拜仁的跑动能力强在整体，不是一两个人到位，而是每次有球权，就能保证两翼立刻跑出机会，禁区里立刻三四个人到位。他们能够保证在比赛的大部分时间保持前场施压和就地反击。

这就让穆勒助攻库蒂尼奥的那个球——甚至是穆勒在巴萨弧顶慢悠悠地等，等队友们前插形成人数优势再传——不需要灵光一闪，只需要按线路集体到位。

工业化的执行力，就此摧毁了个人才华。

几乎可以说，2019 年被利物浦逆转，2020 年再被拜仁以 8 比 2 击溃，意味着巴萨的队伍走到了尽头。

自哈维与伊涅斯塔那一代人淡去后，巴萨其实已无法维持他们巅峰时的传切打法了。克鲁伊夫孜孜以求的 433 阵型，过去几年也变成了实际上的 442 阵型——巴萨很难维持那样惊人的覆盖力和跑动了。

这个赛季前半段，德容 + 布斯克茨 + 阿图尔的组合一度看起来要让球队复兴，但事实证明，巴萨的时代已经过去了。梅西和苏亚雷斯还是能灵光一现，但球队依靠大量横传倒脚维持球权，寻找巨星来改变比赛的模式，在当世顶尖的前场施压 + 闪电战面前，实在是不成了。

毕竟前者的机会得靠推进到前场，由天才来创造；后者的机会靠球队既定套路碾压后，急速编组纵深推进，由流水线产生。

2010 年时，全世界在研究怎么破巴萨，那时巴萨以及西班牙还所向无敌。10 年之后，巴萨经历了如此惨烈的败北，风格上则被完全压制了。

2019 年逆转巴萨的克洛普牌利物浦，2020 年 8 比 2 大破巴萨的弗里克牌拜仁，都是德国人带出来的，都重视站位层次，绞肉机 + 闪电战，边路穿刺，一脚出球，禁区多点包抄。《纽约时报》总结说：2019 年，最有效的进攻已经不是优美地直塞传对方身后，而是边路突破倒三角传球，是中场出球点拉宽、两翼起飞、中路多点包抄。

时代不再依靠精确传切大量球权，而是
讲究速率、空间、局部人数优势。
时代的确不一样了。

2020 年秋天被拜仁击败 11 天后，梅西向巴萨发送了一份文件，表达了离开的意愿。

对巴萨而言，这不啻为一场大地震。

当然，冰冻三尺非一日之寒。

过去几年来，巴萨的问题很明显。

阿尔维斯在状态还好时走了。

哈维与伊涅斯塔相继淡出后，巴萨找到的中场稳定替代者只有拉基蒂奇——虽然拉基蒂奇也始终无法代替那两个人。

内马尔走了。

巴尔韦德不算是个卓越教练，但他到任时，内马尔走了，球队一度只有16个人可用。所以巴尔韦德的保守与过度依赖梅西，也是情有可原的，毕竟他手头可用的人就那么多。

巴萨花了上亿欧元，买了登贝莱（受伤）和库蒂尼奥（租借给拜仁，反而拿了欧冠）。格列兹曼被买来了，从没用对地方。

被利物浦逆转。2比8输给拜仁。

这其实也可以看作拉玛西亚辉煌的尾声。

巴萨队史上最璀璨的时代，自克鲁伊夫与拉玛西亚开始。20世纪90年代，克鲁伊夫带出梦之队。21世纪初，拉玛西亚牌巴萨开花结果。

2010年，梅西、哈维、伊涅斯塔这3个拉玛西亚学生，包揽了金球奖前三名。

2012年11月25日，巴萨4比0胜莱万特——出场的11名巴萨球员，11个拉玛西亚出品。那是巴萨与拉玛西亚的巅峰。

之后，瓜迪奥拉离去，哈维与伊涅斯塔老去。2015年的MSN组合拿下欧冠冠军，其实已非传切体系的压倒性胜利，更像是三大巨星的珠联璧合——个人能力过于卓越了。2015—2020 年，巴萨基本是中场缝缝补补，做些不得要领的赌博式买人。

克鲁伊夫逝世了。哈维与伊涅斯塔淡出了。球队新买的人融入不了体系。管理层就依赖压榨 MSN 的个人能力——然后，只剩 MS 了，终于连苏亚雷斯也走了。

梅西要走，普约尔和苏亚雷斯对梅西表示了支持，反过来证明，巴托梅乌主席确实搞砸了。

梅西已经在俱乐部层面证明过了一切。他在为巴萨效力的岁月中所构筑的传奇是如此庞大，以后他去任何一支球队缔造的传奇，都会差一点。

他自己其实也是知道的。稍微忍一忍，在俱乐部安稳地度过职业生涯晚年，不是更妥帖吗？得一个一人一城的美名，静观俱乐部的作妖操作，假装岁月静好，顺手再破一点纪录，不也是许多球员的选择？

但梅西还是宣布要走了。

梅西一旦离开巴萨，还是以这样惨烈的方式，就真是一个时代结束了。于他，于巴萨，这都是巨大的冲击。他们的形象会永久性地受到影响。这是职业足球史上最大规模的个人动荡，没有之一。

梅西自己也是知道这一点的。以他 33 岁的年纪，一向谦谨的性格，却依然要做这么决绝的选择，离开一个与他彼此融汇的城市，反过来证明，巴萨俱乐部的问题大概是真的很多了。

梅西传奇

梅西宣布要走后的一天，巴萨体育总监拉蒙·普莱内斯重申俱乐部希望"围绕世界上最重要的球员建立一支球队"。

尖锐的矛盾维持到了 2020 年 9 月。9 月 4 日，梅西承认，他会留下：

> **"** 我当时不快乐，我想过离开。我会留在球队。巴托梅乌领导的俱乐部是一场灾难。我对巴萨的爱不会改变。**"**

2020 年 10 月 27 日，巴萨主席巴托梅乌下台。其间卡尔斯·图斯克茨接管过一阵球队，到 2021 年，拉波尔塔重新接任球队主席了。

这个动荡的休赛期，巴萨失去了很多：阿图尔去了尤文图斯，拉基蒂奇去了塞维利亚，比达尔去了国际米兰。最重要的是，苏亚雷斯去了马竞。巴萨换了新主帅：梦之队时期的球队自由人——荷兰人罗纳德·科曼。

2020—2021 赛季，梅西几乎是带着一支年轻的球队从头打起。

梅西没有令人失望。他一边批评球队放任苏亚雷斯离开，"这个阶段，没什么会让我感到惊讶了"，一边带领巴萨努力。

2020 年 11 月 25 日，马拉多纳去世了。4 天后，巴萨对阵奥萨苏纳，梅西进球后揭开球衣，露出老东家纽维尔老男孩队的马拉多纳同款球衣，向老马致敬。

2020 年 12 月 8 日，欧冠小组赛最后一场，巴萨 0 比 3 输给尤文图斯。C 罗为尤文图斯进了 2 个点球。

进球后，梅西露出纽维尔老男孩队的马拉多纳同款球衣，向老马致敬

但他俩似乎都失去了左右比赛的超人之力。

梅西和 C 罗都不在巅峰了。与此同时，他们的球队状态也不在巅峰，让他们没法站在自己最合适的位置。于是比赛的主旋律成了：巴萨没法用速度与纵深拉开尤文图斯，尤文图斯可以用有效反击和施压遏制巴萨。

成熟不是件坏事，他俩带着团队还踢得挺老辣的。只是这场比赛，格外让人清楚地感受到：

他俩可以呼风唤雨，左右一场比赛的时代真的过去了。

2021年2月16日，诺坎普，欧冠1/8决赛，巴萨遇到了巴黎圣日耳曼。

4年前，巴黎圣日耳曼曾经在主场以4比0击败巴萨，然后第二回合被巴萨打出大逆转。之后巴黎圣日耳曼就买走了内马尔。

2021年，背景不同了。4年前，内马尔与苏亚雷斯还在巴萨。而2021年，苏亚雷斯已在马竞；内马尔已到巴黎圣日耳曼，但因伤缺席。比赛是在诺坎普踢的，巴黎圣日耳曼在这里翻过历史级的船。

可是巴黎圣日耳曼赢了，功臣又是姆巴佩——3年前在世界杯，为法国淘汰了阿根廷的姆巴佩。

内马尔不在，巴黎圣日耳曼还是排了433阵型。在巴黎圣日耳曼的阿根廷教练毛罗·波切蒂诺的指挥下，巴黎圣日耳曼踢得很勇。高位逼抢，指挥官马可·维拉蒂靠前，天才基利安·姆巴佩自己冲刺。

反过来，巴萨还是老样子：巴萨新上任的罗纳德·科曼教练不是不在意姆巴佩，他让右后卫塞尔吉尼奥·德斯特专门对付姆巴佩的左翼拿球，不让他拿球转身。但因为巴萨中场缺乏拦截能力，两个中卫并不随意冒进。

巴黎圣日耳曼把住了这一点：高位逼抢，每次抢下球来后，快速通过中场，知道巴萨中场也没人扫荡，如此指挥官维拉蒂前场拿球策动，姆巴佩则大范围活动。

反过来，因为巴黎圣日耳曼的高位逼抢，巴萨的推进很累，有效推进基本靠左后卫阿尔巴和中场德容，但两人都不在状态。格列兹曼奔跑不息时常回防左路，但进攻找不到位置；梅西频繁回撤拿球，登贝莱不知道在干啥。

上半场巴萨领先，德容前插造了点球，梅西射进，1比0。之后姆巴佩左路扯空，左后卫拉文·库尔扎瓦前插。库尔扎瓦横传，维拉蒂凌空一点，姆巴佩飘过朗格莱，进球，1比1。巴萨的两翼推前回不来，有漏洞。

巴黎圣日耳曼长传巴萨左翼身后，再横传中路。皮克已经补了一下了，但没能解围，姆巴佩包抄到位，2比1，又是打巴萨翼侧身后。

巴黎圣日耳曼任意球，开球前，朗格莱还跟巴萨队友比画了一下，示意保护他身后，自己去补位马基尼奥了。可是他身后无人补位，巴黎圣日耳曼的莫伊赛·基恩抢到后门柱点，3比1。

然后是巴黎圣日耳曼的反击，姆巴佩在德斯特本该在的位置拿球，推射，上演帽子戏法，4比1。

巴黎圣日耳曼总计进了4个球，其中2个左肋掏空，1个右肋掏空；从射门方式来看，有2个远门柱包抄。

巴萨无人补位，巴黎圣日耳曼可以轻松通过中场，维拉蒂可以在前场指哪儿传哪儿。巴萨在意中路，则库尔扎瓦在左翼起球；巴萨边路前推，姆巴佩就能乘机得分。皮克和朗格莱暴露在巴黎圣日耳曼的炮火之下。明面上，是巴萨后防漏洞；骨子里，是巴萨中前场没有成组织的拦截。两边上去了回不来。

姆巴佩第一次大赛遇到梅西，是 2018 年世界杯：那次他踢了自己国家队生涯最好的一场球，造了 1 个点球，自己还进了 2 球，法国淘汰阿根廷。这是姆巴佩真正在世界舞台上的成名战。

3 年后，他再遇到梅西，在诺坎普。内马尔不在，姆巴佩站了往年是内马尔站的巴黎圣日耳曼的左前场的位置。

2018 年世界杯，是姆巴佩的速度冲破了阿根廷沉钝的中后场。

这一天是巴黎圣日耳曼用逼抢、速度和快速转移球，冲破了巴萨沉钝的中后场。

梅西与姆巴佩

于是姆巴佩踢出职业生涯最佳的一场欧冠比赛：上演帽子戏法。

阵地战禁区腾挪，后点包抄，反击推射，进球花式齐全，但骨子里都是：巴萨两肋被打穿，遮不过来；姆巴佩冲起来了，搞定。

巴黎圣日耳曼全场突破 26 对 9，头球到位 11 对 2，断球 18 对 13，46% 的进攻集中在姆巴佩的左侧，4 比 1 的比分，两肋打穿的战术。这无非再一次证明了：当下的欧冠世界，就是进攻从守门员开始，防守从前锋开始；就是阵型站位、空间绞杀、执行力度、一步跟不上就处处被动，容错率越来越低的残酷世界。

2021 年 3 月 10 日，巴萨对巴黎圣日耳曼的第二回合，巴萨的策略和表现都很好了。3 个后卫，德容站到最后一线，后置出球，如此巴黎圣日耳曼没法施压：总不能逼到巴萨后卫线去吧。两边阿尔巴和德斯特前推，布斯克茨和佩德里接应贯通，梅西和格列兹曼有广大的游动空间，登贝莱担当实际的中锋——毕竟他能跑，可以用速度接应球。

全队高位施压，让巴黎圣日耳曼难以出球；姆巴佩一旦接球，明格萨就逼姆巴佩走外线。

巴萨前 25 分钟踢得极好，十脚射门，包括德斯特一个门梁，梅西一个包抄时滑倒，登贝莱四脚好机会。如果将登贝莱换成靠谱的标准中锋，已经要赢了。

结果没成，反而后卫朗格莱送大礼，巴黎圣日耳曼获得点球，1 比 0。

但巴萨没垮。之后梅西一个外旋世界波远射，简直恰好镶嵌进了死角。上半场结束前，巴黎圣日耳曼摇摆不定，巴萨获得点球。

如果那个点球进了，巴萨以 2 比 1 领先进入下半场，再进 2 球，就追平了——气势上，是可能的。然而梅西似乎把所有好运都留给了之前那脚世界波，点球被巴黎圣日耳曼的守门员凯洛尔·纳瓦斯扑出。

下半场，巴黎圣日耳曼其实还是没法破局，只能继续被动，换人也只是做局部调整。梅西的国家队队友迪马利亚上场，提供拿球稳定性，担当维拉蒂之外的第二组织者；迪亚洛在边路，挡住了巴萨的冲击，剩下就是死守。

锋线下半场帮忙参加了边路施压，巴萨两边没那么舒服了。巴萨在后半程，一度不敢射门，登贝莱和阿尔巴都发愣错过了机会。

终于巴黎圣日耳曼没再被逆转。比赛以 1 比 1 结束，巴黎圣日耳曼以大比分 5 比 2 淘汰巴萨晋级。

巴萨被淘汰出 2021 年欧冠，2020—2021 赛季对梅西的意义只剩下联赛了。巴塞罗那媒体也在念叨些数据，比如 2020 年 12 月 22 日巴萨客场对阵巴拉多利德。

梅西攻入个人代表巴萨的第 644 球，超越了贝利，成为史上为单个俱乐部球队进球最多的球员。

但这一年的巴萨，只能靠梅西支撑。2020—2021 赛季联赛结束，巴萨也只排名第三。2021 年 5 月 16 日，梅西在主场对塞尔塔的比赛里打进赛季第 30 个联赛进球，连续 5 年加冕西甲联赛最佳射手。

可是谁都想不到，那就是他最后一次身穿巴塞罗那球衣出赛，为巴萨所进的最后一个球了。

14. 最快乐又最伤心的夏天

2021年夏天，梅西一边跟巴萨谈着签约，一边去了阿根廷国家队，参加了2021年美洲杯——这个每一届都让他伤心的比赛。

然后，时来运转了。

这支阿根廷队相对年轻，主教练莱昂内尔·斯卡洛尼自己也才43岁。

这一年，斯卡洛尼给这支阿根廷队注入了一点硬度：进攻时采用433阵型，防守时采用442阵型。梅西与劳塔罗·马丁内斯攻防时始终突前，左侧尼古拉斯·冈萨雷斯则相机回撤。进攻时，劳塔罗中路突前维持对方阵线，梅西有巨大的

自由发挥创意。防守时，采用 442 阵型并稳守中路，逼迫对方将球向边路转移，并在边路形成人数优势——也有赖于阿根廷中路罗德里戈·德保罗与莱安德罗·帕雷德斯的控制。

2021 年 6 月 14 日，美洲杯开战，阿根廷首战智利。

第 32 分钟，梅西任意球首开纪录，之后智利扳回一球，双方 1 比 1 平。次战乌拉圭，阿根廷靠吉多·罗德里格斯的进球，以 1 比 0 获胜。小组赛最后一场对巴拉圭，梅西为阿根廷出赛第 147 场，平马斯切拉诺的队史纪录，并射进制胜球，阿根廷 1 比 0 获胜。6 月 28 日对小组赛最后一个对手玻利维亚，梅西创纪录地为阿根廷出赛第 148 场，先助攻戈麦斯首开纪录，然后自己射进 2 球，阿根廷以 4 比 1 大胜对手出线。

之后美洲杯 1/4 决赛，梅西先助攻德保罗和劳塔罗射进 2 球，然后自己在比赛第 93 分钟射进 1 球，3 比 0，阿根廷击败厄瓜多尔晋级四强。半决赛，梅西送出助攻，劳塔罗得手，阿根廷与哥伦比亚 1 比 1 战平，最后点球决战。梅西第一个出场射中点球，最后靠着他、帕雷德斯和劳塔罗的点球得手，阿根廷以 3 比 2 淘汰哥伦比亚，进入决赛。

这是他职业生涯第五次带国家队进入国际大赛决赛——此前三届美洲杯决赛，一届世界杯决赛，他都败北。

2007 年美洲杯决赛，阿根廷败给巴西，这是他第一次国际大赛决赛输球。而 2021 年美洲杯决赛，对手恰是巴西，还是内马尔带领的巴西国家队。

这一次，阿根廷终于没再失手。

2021 年的阿根廷队，肯定不是最强的一支阿根廷队：他们很擅长踢顺风球，但毕竟年轻，情绪会有起落。

比赛第 22 分钟，阿根廷老将安赫尔·迪马利亚吊射得手，进了一球。当时阿根廷有转播解说员大叫：

> ❝ 比赛现在就这么结束吧！！ ❞

按照阿根廷以往的奔放作风，大概该说："我们再进巴西几个！"会这么吼，也是因为阿根廷等这个冠军等得太久了。赢就好，别的不重要。

上半场比赛，双方平均每两分钟一次犯规。

巴西中场进攻无力，内马尔其实更喜欢边路拿球内切，但巴西中路少人牵扯，内马尔左路突进时陷入人海，孤掌难鸣。

梅西有反击机会就套右路争取拿球面对球门，起不了速度就中路拿球策动，再斜插左路，给右路操作空间。他和德保罗、迪马利亚、劳塔罗找传跑机会，基本构成了阿根廷的进攻机会。

双方死缠到最后时刻，比赛第 88 分钟，梅西晃倒巴西门将，但因为大腿带伤，体力不济，伸脚射门时没够上。当时劳塔罗、帕雷德斯、迪马利亚他们几个都跑累了，被换下去，但 34 岁的梅西还得留在场上拼命。

好在这单刀失手没有妨碍他拿冠军：阿根廷 1 比 0 击败巴西，夺下 2021 年美洲杯冠军。

梅西 6 场 4 球 5 助攻，拿下美洲杯最佳射手和首席助攻：阿根廷所进的 12 个球里，梅西参与了 9 个。最后他也与内马尔分享了美洲杯最佳球员。当然，对他而言，这些无所谓了：美洲杯最佳球员，2015 年他就得过了。他名下也不缺个把最佳射手奖。重要的是，时隔 28 年，阿根廷终于拿到了美洲杯冠军。

赛后阿根廷球迷疯狂了。他们顶着疫情期间的禁令，去布宜诺斯艾利斯方尖碑周围庆祝。110 米宽的七月九日大道，人山人海。

说起来，七月九日大道有典故：阿根廷 1816 年 7 月 9 日独立。100 年后，阿根廷人组织了第一届美洲杯，就是为了庆祝他们的国家独立 100 周年。而此刻，百年美洲杯，冠军终于回归阿根廷了。

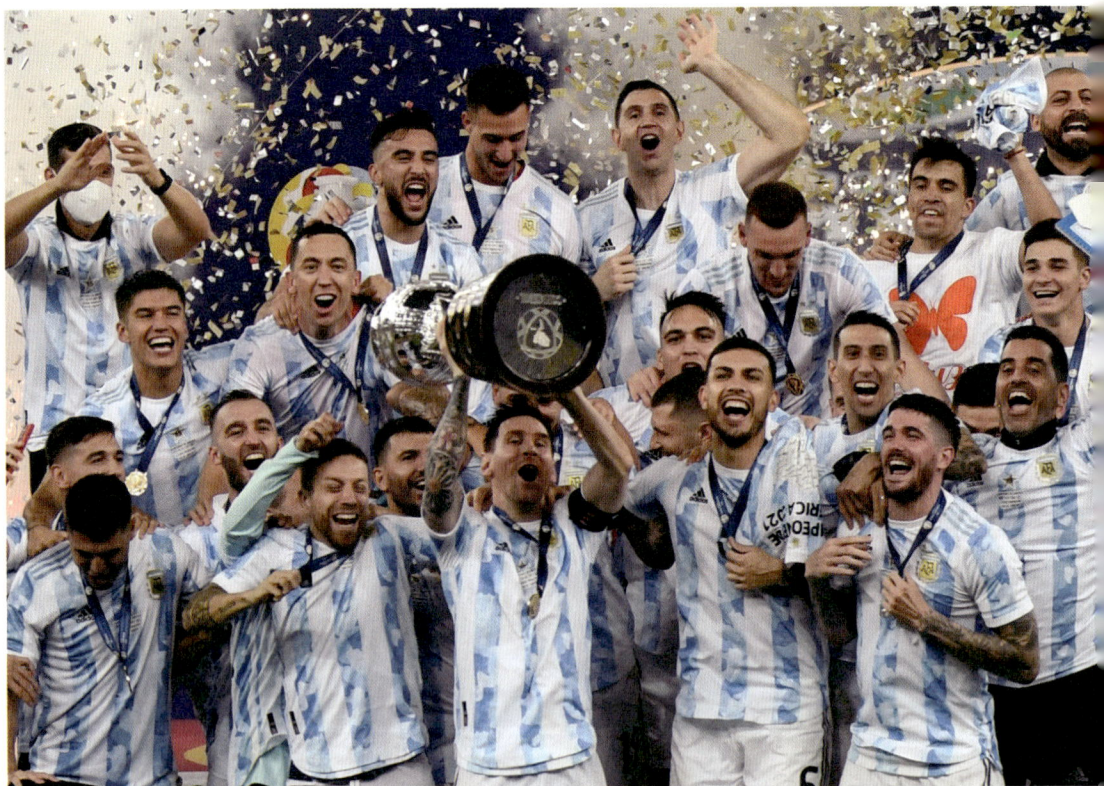

捧得美洲杯冠军奖杯的梅西和他的阿根廷队

梅西传奇

梅西赛后说他很高兴，他一直信赖自己的队友——的确，队友这次都很努力。当然，"我们到现在对发生的事情还有点蒙"，"感谢广大人民的认可"。

以前很长时间，阿根廷人爱梅西，但并不是所有人都认可他的性格。阿根廷人更喜欢马拉多纳那种剽悍做派；梅西对他们而言，一直有点太乖了。但在这夺冠之夜，阿根廷国家队的诸位队员一起跳跃庆祝，他们高喊："莱昂·梅西！"

梅西赛后在球场边坐了一会儿。他给家人打电话，让他们看脖子上的奖牌——那不是巴萨的俱乐部荣誉，而是阿根廷国家队的冠军奖牌。

是的，阿根廷人一直期望梅西成为新的神。对普通球员而言，得冠军是一种理想。对他这样的历史级巨星而言，拿冠军成了一种责任。

这不是 28 年来最好的阿根廷队，也不是状态最好的梅西，也不是梅西职业生涯或阿根廷队史上最辉煌的时刻。

现在他得了一个美洲杯冠军，终于，阿根廷人赋予他的重担中，有一点可以卸下来了。34 岁的他和困难重重的阿根廷，都可以长吁一口气了。

一年后，梅西在一次访谈里承认过，在这次去美洲杯前，他并未料到球队能有如此大的改变。固然 2021 年是他带领阿根廷完成了突破，但这支年轻的阿根廷队，也算是命运留给他的一份礼物。

但这番大喜之时，梅西大概不知道，接下来的夏天，等待他的是什么。阿根廷国家队终于跟上他了，可是另一边，在巴塞罗那，俱乐部出了问题。

前一年，2020 年秋天，梅西因为不满巴萨主席巴托梅乌，一度想过离开。他最后留下来了，但巴萨自己经营不善导致债务重重，依然积重难返。

2021 年 3 月，巴萨新主席拉波尔塔又上台后，所要面对的问题是：2021 年 7 月 1 日，梅西的合同到期。

拉波尔塔上任时，巴萨俱乐部的债务高达 11.73 亿欧元，其中短期债务多达 7.3 亿欧元。

简单说：巴萨没钱了。

梅西表示他愿意降薪 50%，只为了留在巴萨。但 2021 年夏天的局势是：哪怕梅西降薪，巴萨已有的球员工资依然高得离谱。压垮巴萨的不是梅西的高工资，而是巴萨的糟糕运营。

终于，2021 年 8 月 5 日，巴萨在一份简短声明中如此宣布：在球队度过 17 个赛季后，梅西将不会与他效力过的唯一一家俱乐部巴萨续约。

是的，结束了。

为巴萨出战 778 场比赛，672 个进球，305 次助攻。

为巴萨赢得 10 个西甲冠军，7 个国王杯冠军，8 个西班牙超级杯冠军，4 个欧冠冠军，2 个欧洲超级杯冠军，3 个世界俱乐部杯冠军。

一度想要终身效力于巴萨的梅西，要被巴萨因为"财务和结构障碍"而放弃了。拉波尔塔主席之后说："俱乐部高于一切，甚至高于世界上最好的球员。"

3 天后，2021 年 8 月 8 日，在诺坎普的新闻发布会上，梅西流泪承认：

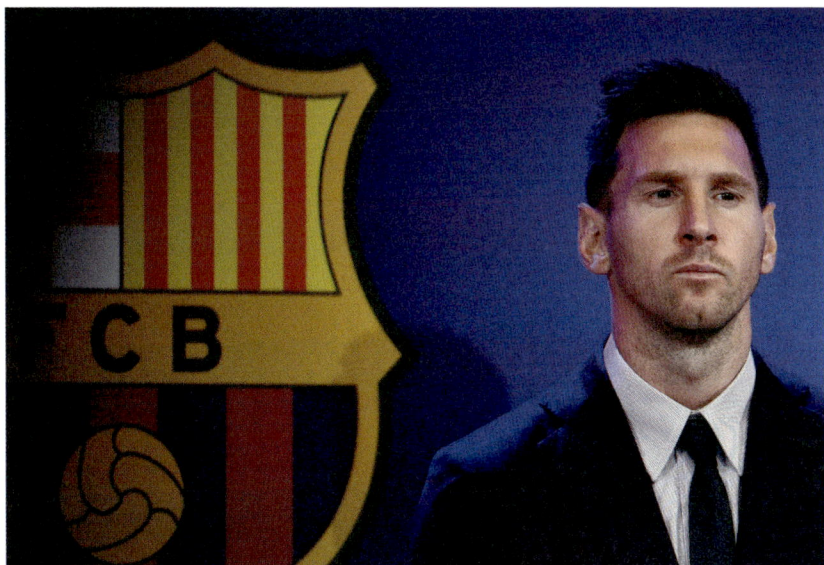
梅西告别巴萨

拉波尔塔

他得离开巴塞罗那了。

这堪称足球世界的原子弹。

直到这件事过去半年后，拉波尔塔还在辩解："放走梅西是最悲伤的决定。我永远不想这样做，但我也并不会感到后悔……因为我们把俱乐部放在一切之上，所以我们做了该做的事情，哪怕梅西是最好的球员。我们必须面对现实，哪怕当时看起来一切都晚了，但巴萨的历史还在延续。在努力工作和正确的思路之下，我们能够重返正确的道路，这也正是我们在做的事情。"

前一年，巴萨的糟糕运营让梅西在33岁时决定离开巴萨，几乎要以这样惨烈的方式，将这段足球史上的传奇生涯抛诸身后。说是巴托梅乌和他的团队逼出了足球史上的最大人祸，并不为过。

当梅西最后留下，还愿意忍辱负重，重新带领年轻球队前进时，巴萨却因为以往的糟糕运营，必须放弃他了。

本来，梅西与巴萨，简直是一个最美好的足球童话——一人一城，最美好的足球技艺搭配最理想的足球风格，梅西做到了足球史上乃至体育史上，一个人为一支球队、一个城市所能做到的极限。

但他却依然无法在此终老，必须就此离开。

管理层看利益，踢球的人拼竞技，我们看足球的人则造梦，总是希望球员们度过如英雄般的生涯，希望球员们的努力终有回报。然而梅西的经历证明：稳定只是一种假象，许多稳定只是有人在努力维持或竭力忍耐。

当然，卓越如梅西，一旦被巴萨放弃，自然被全世界青睐。

毕竟，他可是梅西啊！

巴萨宣布放弃梅西后 5 天，梅西确认要离开巴萨后 2 天，2021 年 8 月 10 日，财大气粗的巴黎圣日耳曼出手了：他们和梅西签下了 2 年合同，外加 1 年额外合同——如果到时候，梅西还乐意留下。

2021 年的巴黎圣日耳曼，本身情况也颇为微妙：自从被卡塔尔财团接手以来，球队一直挥金如土，塑造强队气象。2017 年夏天，巴黎圣日耳曼更是直接砸出创造世界第一身价的 2.2 亿欧元，从巴萨买来内马尔；又以 1.8 亿欧元的身价，从摩纳哥买来姆巴佩。一年后，姆巴佩在世界杯与梅西对撞，一举成名。2021 年巴黎圣日耳曼对巴萨，姆巴佩更是大出风头。

但巴黎圣日耳曼并未达到顶峰：2020 年，他们杀入了欧冠决赛，败给了拜仁慕尼黑；2021 年，球队中途换帅，请走了德国人托马斯·图赫尔，招来了阿根廷教练毛里西奥·波切蒂诺，跨过了拜仁和巴萨，但倒在了欧冠四强之路上。讽刺的是，图赫尔转投英格兰切尔西，并带切尔西拿下了 2021 年欧冠冠军。

2021 年夏天，巴黎圣日耳曼也有自己的烦恼：他们有内马尔和姆巴佩这样的世界级攻击手，拥有凯洛尔·纳瓦斯这样的欧洲顶尖门神，以及意大利新晋的欧洲杯最佳球员——年轻门将吉安路易吉·多纳鲁马，还签下了皇马原队长塞尔吉奥·拉莫斯。

但他们缺卓越的中场，也没有拜仁、利物浦、曼城、切尔西各支欧洲强队的严谨体系，缺少现代足球高位逼抢、阵型维持的整体合作。

如果出于竞技功利角度，巴黎圣日耳曼该大力加强中场构建才是。

但谁能抵抗梅西的诱惑呢？那可是梅西啊！

于是巴黎圣日耳曼签下了梅西。

2021年8月10日，梅西到巴黎，与巴黎圣日耳曼签约。次日，梅西在巴黎王子公园球场开新闻发布会。

本书作者当时在巴黎，得腾讯体育的朋友帮助，有幸采访了梅西。当日时间紧迫，只好于8月10日晚上，紧急拟了三个安分守己的问题：

在巴萨度过如此漫长又辉煌的生涯后，要在新的城市、新的球队，面对新的教练，开始一段新篇章，你会怎么调整？

你和皇马与拉莫斯的历史纠缠众所周知，现在和拉莫斯成了队友，会如何相处？会不会有比如"嘿，拉莫斯，你怎么不来防我"之类的感觉？

梅西亮相巴黎圣日耳曼

大家都为你、内马尔和姆巴佩组成的新三叉戟激动不已，那么，新的组合会和以往的梅西、内马尔、苏亚雷斯的 MSN 三叉戟有何不同？

都是很平和的问题，我也大概能猜到梅西的回答。但时间紧，先这样吧。

8 月 11 日上午，王子公园球场。梅西经过过道进记者发布会时，让孩子先走：孩子在王子公园的过道里蹦蹦跳跳。

记者发布会上，巴黎老总纳赛尔·阿尔赫莱菲先用一大堆高级的赞誉词语夸了梅西，然后把现场交给了梅西。

以下基本为本书作者听记：

梅西说，离开巴萨对他而言是艰难的改变。来到巴黎，他很高兴，希望能立刻开始训练。他感谢了球队，感谢了好几遍。他说巴黎圣日耳曼很强，已经准备好争取一切了。

被问到即将同内马尔和姆巴佩搭档，他说，每天能跟内马尔、姆巴佩以及全队其他人一起踢球，感觉很棒。巴黎圣日耳曼夏天的转会很精彩。能跟最好的球员一起踢球，是不可思议的体验。

他说他已经和技术团队接触过了，他也希望可以尽快训练，尽快上场。

有记者问他，他上周在巴萨，如今来到巴黎圣日耳曼，最强烈的感受是什么。

梅西说，上周发生的一切对他而言都很突然：很快，很奇怪，也很让人动感情。他不会忘记在巴萨的一切，但他也真希望在巴黎开始新生活了。他现在很开心。

之后他语气低沉了一点，他说过去一周，自己经历了一切。每一天，他都在一点点地慢慢熬过。

他说他在巴萨时，已经通过新闻看到了巴黎的球迷上街欢迎他。他说他很感谢，希望尽快看到巴黎球迷：在街上，在球场上，尽快。

·

有记者提到欧冠。

梅西说，有时你有最好的球员，依然拿不到欧冠冠军。这就是足球。有时候需要点细节，也需要好运。欧冠并不总是最好的球队赢球，所以才显得特别而美妙。这就是足球。你得努力争取机会，维持热情。他和巴黎圣日耳曼都希望能赢下欧冠。

有记者问到内马尔：内马尔在巴黎圣日耳曼，这对你的决定有多重要？

梅西说，他和内马尔一直关系不错，自从内马尔离开后，他一直想，是不是还有一起踢球的机会。巴黎圣日耳曼这个阵容中有如此多的积极之处。内马尔、迪马利亚和帕雷德斯，"我在巴黎圣日耳曼有朋友"，他和许多队友都有联系。

一个记者带点挑衅意味地问梅西对法甲有多少了解。

梅西说，他一直在看法甲，毕竟"我在巴黎有朋友"。他说法甲诸队也在变强，毕竟谁都想击败巴黎圣日耳曼。他很高兴迎来全新的经验。

有位记者说，很高兴看到经历了巴萨的变故后梅西能来到巴黎，梅西听后又微笑了。这位记者接下来的问话很刁钻：如果你在欧冠中遇到巴萨会怎么办？会希望避开巴萨吗？

梅西说，情感很复杂，毕竟巴塞罗那是他的家。但他和巴黎圣日耳曼的目标都是赢下欧冠。他不知道会不会遇到巴萨，但如果能回去踢比赛，也不错，至少能看到诺坎普主场的球迷。当然，身穿另一件球衣在巴萨踢球会感觉很奇怪，走着瞧吧。

一个记者用西班牙语提问：有人觉得你永远走不出你的舒适区（指离开巴萨），所以你是何时意识到自己可以离开的？

梅西说，在巴萨许多年，经历了许多事，得到了许多或好或坏的经验。但他能说的是，此时的他，和少年时一样，依然对足球充满热爱。他现在只想尽力踢球。

纳赛尔补了一句：梅西离开巴萨，来到巴黎圣日耳曼这个决定本身就说明了一切（他是不是愿意走出舒适区）。

有记者问梅西：和波切蒂诺教练通过电话了吗？

梅西说他和波切蒂诺教练，以及巴黎圣日尔曼的技术团队都接触过了。他说他和波切蒂诺同为阿根廷人，认识已久，交流还是挺方便的。他重申了一遍，巴黎圣日耳曼的整个更衣室和技术团队，都影响了他来巴黎圣日耳曼这个决定。

有记者问，来到巴黎圣日耳曼于他而言是不是挑战。

梅西说是，他希望可以尽快适应巴黎。这是全新的经验，但他准备好了。他真的很想快点开始训练，开始了解队友。毕竟不管走到哪里，足球都还是一样的。

有记者旧话重提，说到四年前巴萨本要买维拉蒂，未遂，如今梅西来到巴黎圣日耳曼和维拉蒂搭档了，是什么感觉。

梅西夸了几句，说维拉蒂早已展现了他是个不可思议的球员。但不只维拉蒂，整个巴黎圣日耳曼的更衣室，所有的位置上，都有世界顶尖球员。他希望可以与全队一起完成大业。

8月11日午间，巴黎阳光猛烈。王子公园，沿着球场边线，一大堆机构一字排开：ESPN（娱乐与体育电视网）、BeIN Sports（比因体育）、RMC（一家法国媒体）、NHK（日本广播协会）……梅西从球场一端开始，坐下，暴晒中接受采访。采访完，梅西起身，去接受下一家媒体的采访。一个，接着一个，再一个。

等着采访的诸位记者，热得直喘气，有的躲到阴影里，有的撑着伞。

我在球场另一端看着梅西。他穿着西装，刚结束了一个发布会，一大堆摄影，现在一路沿着边线走过来、问过来、拍过来，真是很辛苦。

轮到我时，有点紧张的我先说：能见到你，实在是我的荣幸，莱昂。中国的许多球迷都热爱你。

梅西笑了笑。

看他脸晒红了，而且显得挺累，我不好意思多拖延。我用英语尽快把问题说了，由一位翻译老师翻成西班牙语。梅西用西班牙语回答了。

大概因为累了——我转脸确认开始时，梅西擦了下脸；我回过头时，他立刻恢复微笑——梅西声音挺轻。

——在巴萨度过如此漫长又辉煌的生涯后，要在新的城市、新的球队，面对新的教练，开始一段新篇章，你会怎么调整？

梅西回答的大意：（他的家庭是要花些时间适应的。）必须去适应。他自己会努力踢球，同时享受巴黎，享受和队友比赛和训练，开始做出贡献。

本书作者采访梅西时拍的照片

　　——你和皇马与拉莫斯的历史纠缠众所周知，现在和拉莫斯成了队友，会如何相处？会不会有比如"嘿，拉莫斯，你怎么不来防我"之类的感觉？（听到这个问题时，梅西咧嘴乐了。）

　　梅西回答的大意：他和拉莫斯相处得很好。他们曾经各为其主，但如今都告别了过去，为同一支球队、同一个目标而战。他很高兴与拉莫斯及其他优秀队友在同一个团队，他对未来怀抱期望。

——大家都为你、内马尔和姆巴佩组成的新三叉戟激动不已，那么，新的组合会和以往的梅西、内马尔、苏亚雷斯的 MSN 三叉戟有何不同？

梅西回答的大意：他将始终尽己所能为球队实现目标，他觉得能与内马尔和姆巴佩及其他所有球员一起踢球很荣幸——他们在各自的位置上是世界上最好的球员。他希望实现全队所有人寻求的目标。

我们击了一下拳，收工了。问答前后总长不到 3 分半钟，算是一堆访谈里时间偏短的，但看着梅西终于能走进阴凉处，颇让人安心——前一天他到巴黎，住下；次日起来，疲倦地开始 3 个小时的访谈，正午阳光下，一整条边线的访谈。暴晒 1 个小时，不动声色。每次坐下起身，问候告别，礼节性地轻轻碰拳——还被一位女士要求合影——一个都没缺。

绝大多数我听到的问题，他的回答都不出意外地谦和。即便在提到拉莫斯、内马尔和姆巴佩时，他也尽量在追加强调"其他队友"。

我往外走时，听到一位法国摄影师一边卷线，一边跟旁边的人说："莱昂人挺好。"

是的，哪怕作为足球史上屈指可数的存在，对初到巴黎圣日耳曼的梅西，大家的感觉都是"他人挺好"。

　　　　　　　　　　　　　　　　　　　　　梅西传奇

有趣的是：在梅西与巴黎圣日耳曼签的合同里，有一些特殊条款，比如巴黎圣日耳曼允许梅西优先照顾阿根廷国家队，甚至允许阿根廷队的相关人员使用巴黎圣日耳曼俱乐部的训练设施。

　　这既是因为真诚，也是因为巴黎圣日耳曼背后的卡塔尔财团，很乐意在 2022 年卡塔尔世界杯上看到梅西的表现。

　　梅西选了巴黎圣日耳曼的 30 号球衣——那是他当年在巴塞罗那初出场时的号码。

　　当然，事后证明，这个赛季，梅西度过得并不容易。

15.巴黎 第一年

梅西 2021 年 8 月 10 日签约巴黎圣日耳曼，要到 8 月 29 日，才首次为球队登场：当时巴黎圣日耳曼做客兰斯，许多夏季刚来的新面孔登场。

第 15 分钟，本季第一次首发出场的迪马利亚给姆巴佩助攻头球得分，1 比 0。第 63 分钟，本季新来的乔尔吉尼奥·维纳尔杜姆送出直塞，本季新来的阿什拉夫·哈基米前插，姆巴佩插上左脚进球，2 比 0。

姆巴佩进球前 10 分钟，新来的 30 号梅西站起来热身，全场兰斯球迷集体欢呼，这听起来很诡异：主场兰斯球迷为梅西——一个客队队员热身而欢呼。但反过来想想，这也不难理解：对绝大多数兰斯球迷而言，这是他们第一次现场看到梅西。

第 63 分钟，姆巴佩射进第二球，巴黎圣日耳曼 2 比 0 领先兰斯。3 分钟后，梅西替下了内马尔。

梅西回撤接球时，全场兰斯球迷欢呼，和巴黎圣日耳曼球迷一起高喊："莱昂！莱昂！莱昂！"

也别奇怪兰斯球迷如此反过来为一个客队球员叫好——毕竟那是梅西。

毕竟这是梅西职业生涯中第一次为巴萨之外的俱乐部出赛。

最后比赛结束，比分没有变化。梅西踢了半个小时，触球 26 次：基本在回撤接球，接应队友。他被对方频繁照顾，3 次被犯规，两三次在他射门不顺脚的左翼拿球，兰斯还是给了他 2 人甚至 3 人夹击。21 次传球，20 次成功，有过一次漂亮的前场断球后，接着是招牌式突破，闯入 3 人夹击，给姆巴佩传球，但终究没有得手。

值得一提的是，就在梅西为巴黎圣日耳曼出场前两天，他的宿敌 C 罗离开了意大利尤文图斯，回归了曼彻斯特联队。

仿佛是命运的作弄：这对卓越的宿敌，在职业生涯的最后时光，接连在同一个月转队。

为巴黎圣日耳曼首次出赛 11 天后的 2021 年 9 月 9 日，2022 年世界杯预选赛，阿根以廷 3 比 0 击败玻利维亚。梅西又一次完成帽子戏法，他已累计为阿根廷射进 79 球，超越了巴西球王贝利保持的南美国家队进球纪录——贝利为巴西射进了 77 球。

而梅西为巴黎圣日耳曼踢进的第一个球，也在这个月来了：2021 年 9 月 28 日对曼城，梅西为巴黎圣日耳曼进球。

整整 5 个月前的 2021 年 4 月 28 日，2021 年欧冠半决赛第一回合，曼城在王子公园以 2 比 1 赢了巴黎圣日耳曼，此后更直接淘汰了巴黎圣日耳曼。

曼城的主帅，正是梅西的巴萨恩师瓜迪奥拉。

这次，梅西算是为巴黎圣日耳曼球迷出了口气。

此前梅西为巴黎圣日耳曼踢了两场半正式比赛，并没有进球。一半原因是运气差：两场半比赛他打了两次门框——一次是远射，一次是任意球，都在禁区外。他找角度很刁钻，但门框欺负他。

另一半原因是角色问题：在巴黎圣日耳曼，他位置靠后，更像一个组织者。此前两场半比赛，他一共射了 8 次门，5 次在禁区外射门。

此场比赛曼城依然训练有素，高位施压出色。巴黎圣日耳曼上半场最亮眼的是意大利中场马可·维拉蒂，他是巴黎圣日耳曼中后场仅有的能维持球权者。但巴黎圣日耳曼运气不错。梅西与姆巴佩右路策动，中路内马尔跟进搅乱局势，5 个月前对曼城一战被红牌罚下的伊德里萨·盖耶射门得分，1 比 0。

波切蒂诺教练自知无力与曼城对攻，于是大幅度收缩后卫线宽度，依靠盖耶抢曼城的横传转移落点。靠着压缩曼城空间，逼曼城小角度打门，多纳鲁马依靠巨大身躯，挡住了曼城的攻击。

比赛第 74 分钟，梅西反击中找姆巴佩二过一，姆巴佩脚后跟回传禁区弧顶，梅西突进，忽然变速启动，摆脱对手，直接吊远角，本场唯一一次射门，进球。巴黎圣日耳曼 2 比 0 领先，锁定比赛。

进球之后，内马尔跑来抱住梅西。他俩都是从巴萨过来的，都知道进第一个球对彼此意味着什么。

此前的两场半比赛没进球，对一般球员不算大事，但对梅西这种举手投足都招眼的超级巨星而言，已经是个话题了。

梅西加盟巴黎圣日耳曼后打进处子球

梅西传奇

无论如何，在为巴萨一线队 17 年累计射入 672 球后，终于，梅西为另一支俱乐部队进球了。

比赛最有趣的细节是：最后时刻，当曼城获得禁区前任意球时，梅西主动卧倒在地，为巴黎圣日耳曼人墙堵枪眼。本来这招在欧洲足坛流行，跟梅西也有关系：他很擅长射任意球时趁对方起跳，贴地射门。但轮到他自己时，他却很乐于做这类活儿。这种做派很有感染力。下次曼城获得任意球时，姆巴佩就主动躺倒了。

巴黎圣日耳曼官方做的纪录片说，梅西这个进球是 la première but du rest de sa vie，直译是"他余生的第一个进球"，但感觉怪怪的。不妨说：对曼城这场比赛，梅西进了他人生下半场的第一个球。

巴黎圣日耳曼的下一场欧冠赛，是在 2021 年 10 月 19 日：梅西迎来了自己为巴黎圣日耳曼进的第二个和第三个球。

巴黎圣日耳曼对莱比锡，波切蒂诺还是让梅西站右路，姆巴佩站左路。

上半场梅西回防到禁区，协助队长马尔基尼奥斯送出传球，姆巴佩施展招牌的闪电速度狂奔反击，做出走中路假动作，直接射近角：巴黎圣日耳曼 1 比 0。

之后巴黎圣日耳曼连丢两球，1 比 2 落后。到第 60 分钟左右，波切蒂诺变招：上维纳尔杜姆，梅西靠近中路。于是姆巴佩给梅西做球，梅西直射远角，追到 2 比 2。

接着是最有意思的时刻：姆巴佩反击，造了点球；他抬手示意，让梅西操刀点球。梅西射进点球，梅开二度，巴黎圣日耳曼以 3 比 2 反超，就

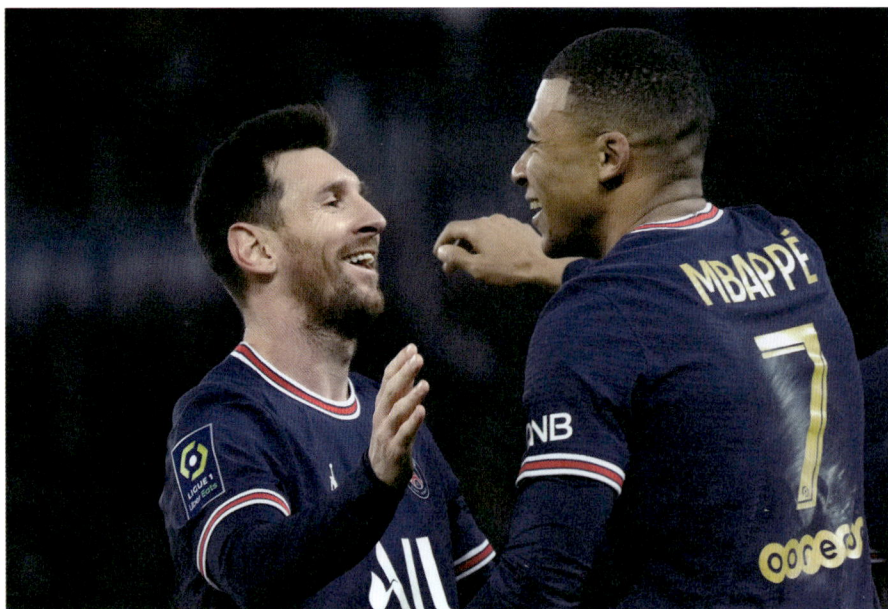
梅西和姆巴佩

此赢下比赛。妙在比赛最后，梅西发动反击，送维纳尔杜姆一个直塞，后者给阿什拉夫传球，又造一个点球。如果梅西射进这个点球，就成帽子戏法了。但他将点球回让给了姆巴佩，姆巴佩一脚射飞了。

这场比赛，是梅西梅开二度，扳平制胜；姆巴佩首开纪录，创造了后2个进球。球队实际上是3次反击，靠他俩的个人能力，进了3个球。

曾经是对手的他们，作为搭档却意外地和谐。

那天场边还来了一个贵客：曾经的巴萨10号，效力过巴黎圣日耳曼和巴萨的金球奖得主——小罗。

曾经的巴萨10号，效力过巴萨的金球奖得主梅西，在为巴黎圣日耳曼踢的第3场欧冠赛中，进了第3个进球，算是给小罗的礼物吧。

2021年11月20日，巴黎圣日耳曼以3比1击败南特。第87分钟，梅西射进了自己代表巴黎圣日耳曼的第一个联赛进球，也是2021年度个人第

40 球。

9 天之后，在巴黎，梅西拿下了 2021 年金球奖——他自己的第 7 个金球奖。

给他颁奖的是已经去了马德里竞技的老哥们苏亚雷斯。

此前一个赛季，梅西为巴萨累计射入 38 球，带巴萨拿下西甲第三和国王杯冠军。到巴黎圣日耳曼之后，他合计首发 10 场，4 球 3 助攻（截至 2021 年 11 月 29 日）——而且他大多数时候，担当的是中场组织者。

加上夏天美洲杯的出色表现，他拿下金球奖水到渠成。

话说比起此前已经无人企及的第 6 个金球奖，第 7 个金球奖有什么特殊意义吗？

此前，金球奖一直有一个遗憾：1995 年之前，只颁给欧洲球员。马拉多纳纵然伟大，但作为南美球员，都没机会获得。

梅西拿到第 7 座金球奖奖杯

还出过一些诡异的情况，比如 1994 年，罗马里奥带巴西拿下世界杯冠军，自己拿下世界杯金球奖，但年度金球奖却是他巴萨的队友，带保加利亚国家队得到世界杯第四的赫里斯托·斯托伊奇科夫获得。

所以 2016 年的一个活动里，金球奖做了个象征性重选。那次重选认为：巴西的罗马里奥该拿 1994 年金球奖，阿根廷的肯佩斯该拿 1978 年金球奖。

马拉多纳则该得到 1986 年和 1990 年的金球奖——那两年，他获得一个世界杯冠军和一个世界杯亚军。

巴西的球王贝利，则该拿 1958 年、1959 年、1960 年、1961 年、1963 年、1964 年和 1970 年的 7 个金球奖。

如果金球奖从一开始就在全世界范围内评选，那么马拉多纳将与鲁梅尼格、迪斯蒂法诺、罗纳尔多、贝肯鲍尔一起，获得 2 个金球奖。

克鲁伊夫、普拉蒂尼和范巴斯滕，3 个金球奖。

C 罗 5 个金球奖。

梅西和贝利，7 个金球奖。

第 7 个金球奖的意义，就在于此：
梅西追平了贝利。

所以第 7 个金球奖，也算是命运给梅西这百感交集的一年的一份压轴礼物吧。虽然他此刻人在巴黎圣日耳曼，但这个金球奖很大程度上不是给巴黎圣日耳曼的 30 号梅西的，而是给阿根廷的 10 号梅西的，给巴萨的 10 号梅西的，是一个历史级的奖项。

这个金球奖，除了表彰梅西给阿根廷带来多年来的第一个冠军，也可

　　　　　　　　　　　　　　　　　　　　　　　　梅西传奇

以看作巴萨那个 10 号梅西最后的背影。

　　梅西拿下 2021 年金球奖一周多后,巴黎圣日耳曼以 4 比 1 击败布鲁日,结束了 2021—2022 赛季欧冠小组赛旅程。

　　姆巴佩开场第 2 分钟与左后卫努诺·门德斯左路联手冲刺,门德斯传球,姆巴佩跟进得手,首开纪录。

　　这也是 22 岁零 353 天的姆巴佩的第 30 个欧冠进球。

　　随后就加到了 31 个:比赛第 7 分钟,迪马利亚起球,姆巴佩抢落点凌空得手。巴黎圣日耳曼早早以 2 比 0 领先。

　　第 38 分钟,又是姆巴佩作为左路箭头接球,回传给梅西,自己跑位拉扯;梅西推进,进入射程,远射得分。巴黎圣日耳曼 3 比 0。

　　至此梅西为巴黎圣日耳曼欧冠小组赛所进 4 球,都和姆巴佩相关——包括姆巴佩让了个点球。下半场梅西得了个点球,罚进。于是梅西与姆巴佩各进 2 球,巴黎圣日耳曼以 4 比 1 赢球。

　　波切蒂诺教练还是没怎么改造巴黎圣日耳曼的中场,但他做了一点选择:摆的是 433 阵型,但左路基本全给姆巴佩,让他和门德斯冲刺。

　　梅西还是会回撤中路拿球,但他也和迪马利亚中路、右路多次换位。

　　虽然内马尔受伤缺阵,但梅西与姆巴佩之间的默契,似乎越来越好了。欧冠小组赛,巴黎圣日耳曼几乎是靠他俩撑下来的:梅西 5 场比赛进了 5 球,姆巴佩 6 场 4 球 4 助攻。

　　欧冠小组出线后,无巧不成书,巴黎圣日耳曼在 1/8 决赛抽签时,遇到了皇家马德里。

　　梅西在巴萨时的宿敌就是皇家马德里。

这是正在想方设法从巴黎圣日耳曼买走姆巴佩的皇家马德里。

2022 年 2 月 15 日，巴黎王子公园球场，巴黎圣日耳曼对阵皇马，以 1 比 0 取胜。

巴黎圣日耳曼踢了本赛季罕见的一场好球，虽然 1 比 0 的比分很难体现：射门 21 对 3，控球率 57% 对 43%——上半场控球率 62%——从头到尾控制场面。

皇马主帅安切洛蒂相对保守，说是 433 阵型，但上半场防守时两翼回撤很大，基本是 451 的架势了。

不让梅西中路突进，不让姆巴佩内切。上半场宁可放空两翼外线。于是巴黎圣日耳曼打不出纵深进攻。

下半场巴黎圣日耳曼明显提速，姆巴佩、门德斯的左路和阿什拉夫、迪马利亚的右路都积极前插，斜线攻肋部的场面也多起来。

时间推移，以维拉蒂为首的巴黎圣日耳曼中场占了优势。帕雷德斯和达尼洛没被皇马施压，得以频繁领球前进；维拉蒂为所欲为，堪称姆巴佩之外的全队最佳。姆巴佩突破被犯规，梅西操刀主罚——然而，梅西射失了点球。

巴黎圣日耳曼没气馁，后续还是源源不断地制造机会。养伤许久复出的内马尔上场后，与梅西和姆巴佩打出一连串配合。比赛第 93 分钟，姆巴佩左肋突破，推射远角进球，绝杀了皇马。

带着 1 比 0 的胜利，2022 年 3 月 9 日，巴黎圣日耳曼去了马德里伯纳乌客场。在第 39 分钟，依靠内马尔的传球，姆巴佩再次进球，让巴黎圣日耳曼在客场也 1 比 0 领先。

当时看来，巴黎圣日耳曼简直已经要晋级了。

但随后风云突变。

此前，巴黎圣日耳曼经常被逆转。2019 年，巴黎圣日耳曼被曼联逆转。2017 年，巴黎圣日耳曼被巴萨逆转。

但这一场逆转，极为疯狂：两回合 180 分钟的比赛，明明前 150 分钟，巴黎圣日耳曼还以 2 比 0 领先呢。

先是下半场第 16 分钟，巴黎圣日耳曼守门员多纳鲁马在皇马老牌前锋卡里姆·本泽马面前带球，被本泽马断下球来，射门得分。这个进球，让巴黎圣日耳曼全队集体茫然，不知道是攻还是守。之后皇马的老将莫德里奇趁势助攻本泽马射进第二球，巴黎圣日耳曼崩溃了。

又 2 分钟后，巴黎圣日耳曼队长马尔基尼奥斯回传失误，被本泽马一脚踹射，直接破门。

15 分钟之内，皇马逆转了此前 150 分钟的困局，本泽马上演了帽子戏法，皇马完成了 3 比 2 反超，并赢下了比赛，就此淘汰了巴黎圣日耳曼。

被皇马逆转后的梅西

对皇马而言，这是最好的结局：确认了姆巴佩的卓越，又向姆巴佩证明了自己，还晋级了。

对巴黎圣日耳曼而言，这是最坏的结局。而对梅西，多少有些命运般的讽刺——离开了西班牙到了法国，皇家马德里依然会出来阻挠他的命运。

当然，与往年一样：在欧冠被淘汰了，生活还得继续。

2022 年 4 月 3 日，巴黎圣日尔曼以 5 比 1 击败洛里昂。梅西射进自己代表巴黎圣日耳曼的联赛第 3 球。6 天后，对克莱蒙之战，梅西送出 3 个助攻，让巴黎圣日耳曼以 6 比 1 大胜。

4 月 23 日，巴黎圣日耳曼对朗斯。比赛第 67 分钟，内马尔横传，梅西禁区前远射轰出世界波，直挂球门左上角，巴黎圣日耳曼 1 比 0 领先。朗斯此后追回一球，但巴黎圣日耳曼还是靠着这场平局，拿下了 2021—2022 赛季法甲冠军。

这是梅西第 39 个冠军，第 11 个联赛冠军——前 10 个是西甲冠军。

5 月 14 日，梅西又射进 2 球——他在本季联赛的第 5 球和第 6 球——带巴黎圣日耳曼以 4 比 0 击败蒙彼利埃。

但一周后，巴黎圣日耳曼真正的大新闻来了。

先是在巴黎圣日耳曼效力 7 年的队史助攻王，梅西的阿根廷老哥们迪马利亚即将离去：他要去尤文图斯了。

然后便是轰动世界足坛的消息：与皇家马德里闹了一整年"绯闻"的姆巴佩，宣布他会与巴黎圣日耳曼续签 3 年合同。

这意味着至少在 2022—2023 赛季，梅西和姆巴佩还会继续搭档下去。

2022 年 5 月 21 日，2021—2022 赛季法甲最后一轮，巴黎圣日耳曼主场对梅斯。一开场，迪马利亚传出身后球，姆巴佩首开纪录。接着是梅西送出赛季个人第 14 个助攻，姆巴佩梅开二度。之后内马尔和姆巴佩先后进球，后者完成帽子戏法。比赛第 68 分钟，迪马利亚射进自己代表巴黎圣日耳曼的最后一球后，与队友拥抱，流着眼泪，向巴黎王子公园球场的球迷最后一次做出他招牌式的比心手势。

于是梅西的 2021—2022 赛季就这样结束了：

> 从突如其来地被巴萨放弃，到在巴黎圣日耳曼获得自己的第 7 个金球奖，到被皇马淘汰，到无惊无险地拿到法甲冠军。真是跌宕起伏的一年。

2021—2022 赛季，梅西为巴黎圣日耳曼踢了 26 场联赛，进了 6 球，完成了法甲第二多的 14 次助攻——姆巴佩以 17 次助攻领跑法甲。再便是 7 场欧冠 5 个进球。

离开巴萨的第一年，为巴黎圣日耳曼效力的第一年，他进了 11 个球，完成 14 次助攻，依然很出色，只是如媒体窃窃私语的：巴黎圣日耳曼的 30 号梅西，已经不是巴萨的 10 号梅西了。

谁知道呢？

好在，生活还要继续。

2022 年 5 月 21 日，姆巴佩宣布留在巴黎圣日耳曼的当天，他的巴黎圣日耳曼队友安德尔·埃雷拉认为，"姆巴佩是俱乐部规划的中心……我对下个赛季持积极态度，梅西和姆巴佩会成就彼此，我希望下个赛季我们有个好的开始"。

皇家马德里当然对姆巴佩留在巴黎圣日耳曼不爽，所以西班牙《马卡报》说姆巴佩选择留在巴黎圣日耳曼，是"选择成为内马尔（辅佐梅西），而非 C 罗或梅西"，还说他"宁可当老鼠头，而不愿当狮子牙"。

但至少，在 2022—2023 赛季，梅西与姆巴佩这对世界顶尖攻击组合，还会在巴黎圣日耳曼继续搭档下去。

虽然想起来，仿佛命运般的戏弄：2018 年世界杯和 2021 年欧冠，姆巴佩分别代表法国国家队和巴黎圣日耳曼，面对阿根廷国家队与巴萨，击败了梅西，名扬天下；但在巴黎圣日耳曼，在 2021—2022 赛季，甚至下一个赛季，他俩却成了好搭档。

2021—2022 赛季结束当天，梅西在自己的社交网络上确认，下个赛季，他依然会为巴黎圣日耳曼而战。

" 这个赛季结束了，我想感谢我的队友们，感谢他们自我到来之后对我的善待；我要感谢我的家庭，他们一直陪伴和支持我。今年与以往大不相同，发生了许多事，但到最后，我们还是赢下了一个冠军。我很激动，这是我在巴黎圣日耳曼的第一个奖杯。

> **"** 我们在欧冠中败北的滋味确实苦涩，但我还是想享受获得联赛冠军的喜悦。2022 年会有好事到来，这会是重要的一年，我们将怀抱野心，竞逐一切。**"**

说完这番话后两周，2022 年 6 月 5 日，一场友谊赛，阿根廷对阵爱沙尼亚。

梅西开场 8 分钟射进点球。上半场结束前，他右路内切，小角度推远角，2 比 0。下半场刚开始，他接右路传中，左脚轻点，帽子戏法，3 比 0。

该完了吗？还没呢。

第 71 分钟，梅西带球突入禁区面对门将，一个急停晃倒对方守门员和跟防自己的后卫，推射进球，4 比 0。5 分钟后，梅西禁区中路得球后起脚低射破门，5 比 0。

独进 5 球，职业生涯第 2 次。

在他即将 35 岁的时候。

至此，梅西为国家队进球总数也达到了惊人的 86 个，在足球史上排第四。前面是马来西亚的莫赫塔尔·达哈里和伊朗的阿里·代伊，以及他的宿命对手 C 罗。

2022 年夏天，梅西将年满 35 岁。

虽然在巴黎圣日耳曼的生涯还将继续，但他传奇的职业生涯已经走向了尾声——我们都知道。

但他依然想做最后一搏——他依然有单场进 5 球的能耐。

如果再退后几步看，我们不难发现，梅西，最纯粹的天才，为足球而生的人，有着无限热诚的爱与无限精美的技艺，经历了这辉煌又漫长的过程，越到后来，越显出天才、勤奋与无私，在这个变幻不定的职业足球世界中，将面临怎样严酷的命运。有许多曾经童话般的美好，被时光摧折了。

但他还是在继续努力着。

他所谓的"竞逐一切"，也可以理解为不只是 2022—2023 赛季的巴黎圣日耳曼，也包括 2022 年年底的卡塔尔世界杯。

我们都知道，他在俱乐部层面，早已经赢得了一切。他打破了各种不可思议的纪录，也许对挑剔的阿根廷球迷而言，也就是想要这一个世界杯冠军。

16. 如此壮阔的史诗结尾，才称得上梅西的加冕礼

2022 年夏天，巴黎圣日耳曼留下了姆巴佩，也经历了一番变革：此前常年担任球队体育总监的巴西人莱昂纳多离职，新任体育总监是葡萄牙人路易斯·坎波斯；新任球队主帅，法国人克里斯托夫·加尔捷上任，替下原主帅阿根廷人波切蒂诺。

新帅上任三把火，加尔捷教练立刻有所动作。

2022 年 7 月 31 日，法国超级杯，姆巴佩缺阵，巴黎圣日耳曼以 4 比 0 的比分大胜南特。在本场比赛中，梅西晃过对方门将首开纪录，内马尔进了一个任意球和一个点球，拉莫斯靠脚后跟打进一个颇有苏亚雷斯风格的球。

赛前，加尔捷教练对球队阵型做了精彩的调整：

巴黎圣日耳曼摆出了3412阵型。守门员多纳鲁马，三中卫分别是巴西人马基尼奥斯、法国人金彭贝与西班牙老将拉莫斯，左翼为葡萄牙少年努诺·门德斯，右翼为摩洛哥人阿什拉夫·哈基米，中场双腰由意大利人维拉蒂和新来的葡萄牙人维蒂尼亚担当。

这意味着：梅西不再担当波切蒂诺体系下的右边锋，也不用忙于回撤中场拿球。他得以回到右肋，更多靠近中路，施展他的个人进攻才能。于是他接到内马尔的斜传，轻巧地晃过守门员得分。之后内马尔所制造并打进的点球，也得益于梅西的斜传。进球后，内马尔如蜂飞蝶舞般在场上庆祝：内马尔的喜悦之情完全洋溢在脸上，显然，加尔捷教练这个3412阵型，让所有人都开心了。

2022年8月6日，2022—2023赛季法甲联赛揭开序幕。姆巴佩依然缺阵，巴黎圣日耳曼取得新赛季开门红，5比0击败克莱蒙：内马尔一球三助攻，梅西两球一助攻，包括一个凌空倒钩进球。

由于新来的中场维蒂尼亚表现积极，回撤接球、抢球、推进，和维拉蒂并肩作战,配合默契; 内马尔得以更多在左肋活动,梅西也得以自由发挥。

于是巴黎圣日耳曼左边路前插倒三角，梅西用脚后跟做球，内马尔在禁区前调整后射门，打进第一球；随后内马尔左路出球，中路梅西和右路阿什拉夫双双跟进，梅西跑动，阿什拉夫前插打进巴黎圣日耳曼本场的第二球。马基尼奥斯头球打进第三球。下半场，梅西自己带球推进，过人，传给内马尔，内马尔无私地回给，梅西打进巴黎圣日耳曼本场的第四球。

比赛最后时刻，梅西前插，停球，背对球门，倒钩破门，梅开二度，这个进球也是巴黎圣日耳曼本场的第五球。

这是 35 岁的梅西职业生涯中的第一个倒钩进球

一周后，姆巴佩复出，巴黎圣日耳曼 5 比 2 击败蒙彼利埃：内马尔独进两球，姆巴佩也射进一球。

此前，《法国足球》正式公布了 2022 年金球奖候选名单，梅西多年来第一次没进入金球奖前 30 候选名单。也不奇怪：此前一年，梅西代表巴黎圣日耳曼合计出赛 34 场，进了 11 球，完成 14 次助攻。按他以往的传奇标准而言，他上个赛季进球不够多。数据下滑的关键，是梅西所处的位置：2021—2022 赛季，梅西更多地被放在右边路，负责组织和发起进攻，并非射门和回合终结。

就在梅西确定无缘金球奖后一周多，巴黎圣日耳曼 7 比 1 大破里尔。本场比赛姆巴佩上演帽子戏法，梅西射进一球，送上一个助攻。之后，梅西在巴黎圣日耳曼对图卢兹和南特的两场比赛中送出四次助攻。他的表现，像是对 2022 年度金球奖候选名单的回应：只要被放对了位置，梅西依然是梅西。

稍后，梅西的老对手、皇家马德里的法国前锋卡里姆·本泽马荣获 2022 年金球奖，但那是后话了。

到了 2022 年 10 月，姆巴佩有一点不开心：他被加尔捷教练要求踢突前的 9 号位前锋，但他实际想要的，是球队左肋的位置，即内马尔那个位置。姆巴佩在代表法国国家队参加比赛后，特意赞美了 36 岁的法国队中锋吉鲁，表示国家队真好，"有一个 9 号位中锋做支点"！

于是加尔捷教练做了调整。2022 年 10 月 25 日，欧冠小组赛巴黎对海法马卡比之战，球队摆出了 4312 阵型：姆巴佩主打他喜欢的左肋，偶

梅西、内马尔和姆巴佩

尔穿插到右路，起速突破，内切射门。梅西站右肋，但更多在中路活动，活像个中锋。内马尔站的是事实上的前腰位置，4312阵型中的那个"1"。

结果巴黎圣日耳曼7比2赢球：梅西2球2助攻，姆巴佩2球2助攻。姆巴佩的两次助攻全是给的梅西。内马尔打进一球并为对方制造了一个乌龙球。

至此，2022—2023赛季，姆巴佩出赛16场，进了16球，完成4次助攻；内马尔出赛17场，进了13球，完成9次助攻；梅西出赛16场，进了11球，完成12次助攻。至此，梅西在他的欧冠生涯中已经射进了129球，代表巴黎圣日耳曼在11场欧冠中射进了9球。

实际上，到2022年11月参加世界杯前夕，梅西在2022—2023赛季已代表巴黎圣日耳曼出赛19场，进了12球，完成14次助攻。

半个赛季不到，进球数据就压过整个2021—2022赛季了。

> 带着这份好状态和好心情，梅西去了
> 2022年世界杯，并且提前宣布：
> 2022年底的卡塔尔世界杯，将是他的
> 最后一届世界杯。

毕竟他35岁了，毕竟这将是他的第五届世界杯。此前足球史上，也就四位球员参加过五届世界杯。

他这次带去参加世界杯的是怎样一支阿根廷国家队呢？

2021年夺下美洲杯，是梅西带阿根廷国家队获得的最高成就。而

2022 年世界杯之前，这支阿根廷国家队已有连续 35 场不败的纪录：他们并非强到凌压世界，但足够团结，足够坚韧，可能是近 30 年以来，最团结稳定的一支阿根廷国家队。

守门员是性格高傲但关键时刻靠得住的埃米里亚诺·马丁内斯。双中卫是老少搭配的奥塔门迪与罗梅罗。左右翼则是老将阿库尼亚与年轻的莫利纳。

中场核心是球队的发动机、奔跑能力无限的罗德里戈·德保罗。锋线则有劳塔罗·马丁内斯与年轻的胡利安·阿尔瓦雷斯。球队平时在比赛中多用 433 或 4141 阵型，但在世界杯前，斯卡洛尼教练也带队员大胆演练过 352 阵型。

但是此时阿根廷国家队大名单尚存变数，中场洛塞尔索与前锋冈萨雷斯先后受伤。

接下来，我们看一下梅西在历届杯赛中的表现：

2010 年世界杯前，梅西为巴萨踢了 53 场比赛。世界杯上，阿根廷被德国淘汰，未进四强。

2018 年世界杯前，梅西为巴萨踢了 54 场比赛，且那年内马尔刚离开巴萨，他负担极大，世界杯上阿根廷在 1/8 决赛被淘汰。

反过来：2014 年梅西为巴萨踢了 46 场比赛，拿下世界杯亚军，自己得到金球奖。

2021 年梅西为巴萨踢了 47 场比赛，夏天拿了美洲杯冠军。

似乎梅西在杯赛上的发挥，与他在俱乐部所踢的比赛场数成反比：在俱乐部踢得少些，他就有足够的体能，留到杯赛发挥。

而 2022 年，梅西经历了一个夏天的休息，又在巴黎圣日耳曼踢了 19 场比赛，来到了 2022 年世界杯。虽然梅西已经 35 岁，但他的体能和状态保持得都不错。

然而，意外还是发生了。2022 年 11 月 22 日，阿根廷的 2022 年世界杯首战，对阵沙特阿拉伯：此前，沙特在世界杯上一共赢过三场球，其中两场发生在 1994 年。面对如此的积年弱旅，阿根廷居然以 1 比 2 败北，着实是历史上的大冷门。

开场 10 分钟，帕雷德斯为阿根廷制造点球，梅西轻松打进，阿根廷 1 比 0 领先。此后的上半场，阿根廷又三次创造杀机，但均被吹罚越位：沙特的高防守线频繁造越位，阿根廷也连续三次越位。连续被判越位，队员们开始心浮气躁，下半场开始，阿根廷中卫罗梅罗站位失误，转身慢一拍，沙特的阿尔谢赫里反击得分，场上比分 1 比 1。被追平后，阿根廷明显混乱，守门员和后卫站位失误，右肋空虚。此时，沙特的阿尔道萨里一个精彩的世界波远射，沙特 2 比 1 反超。

到此为止，还有接近 40 分钟的时间让阿根廷反击，重整旗鼓来得及。但阿根廷打不开局面。这既是因为沙特的努力，也是因为阿根廷自己的问题：

沙特领先后防得更深，不给阿根廷打身后球的空间；堆叠中路，双人夹击梅西。

而阿根廷队在中场左路用了 34 岁的戈麦斯，导致打阵地战时，左路缺乏速度；右肋梅西每次拿球，基本面对沙特两人夹击；阿根廷右边路，34 岁的迪马利亚倒能起速，但中路能接应的，便只有劳塔罗一人了。如此阿根廷边路起球，中路没足够的人来包抄。归根结底，阿根廷首发阵容里有四个队员超过 34 岁，首发队员的平均年龄为 30 岁，导致整个球队缺乏速度与冲击力，试图强攻，却力不从心。

于是阿根廷 1 比 2 败北。阿根廷国家队 3 年 35 场不败纪录至此结束。

2022 年世界杯一开始，阿根廷便陷入危局：本来预想中最弱的对手，开场便"啃"了阿根廷一口。

小组赛余下两战，阿根廷先后对墨西哥与波兰。劳塔罗代表整个阿根廷队发出宣言："这两场都是生死战！"

输给沙特三天后，阿根廷对决墨西哥。

因为是提前的生死战，斯卡洛尼教练大刀阔斧地做了改革：首战沙特的四个首发后卫，除了奥塔门迪之外，全换了一遍；首战沙特明显慢一拍的中场帕雷德斯与戈麦斯，也被换了下来。

球队摆出了 442 阵型：左边卫阿库尼亚，右边卫蒙铁尔，中卫则是利桑德罗·马丁内斯搭配奥塔门迪；中场左边麦卡利斯特，右边迪马利亚，中路依然是德保罗与圭多·罗德里格斯，锋线则是梅西与劳塔罗。

新上的麦卡利斯特和圭多奔跑积极，右边卫蒙铁尔兜底，让阿根廷右路迪马利亚积极进攻，德保罗回撤接球，偶尔给右边帮忙，梅西也不停回撤组织。

德保罗和梅西

于是阿根廷掌握了控球率——上半场阿根廷控球率67%——但事实上的单箭头劳塔罗，时常陷入墨西哥三中卫泥淖之中，于是上半场，阿根廷没一球射正门框。

于是斯卡洛尼教练在下半场决定换人：恩佐·费尔南德斯替下圭多，莫利纳替下蒙铁尔，阿尔瓦雷斯替下劳塔罗。

这三个生力军上场，阿根廷队的速度起来了。

第63分钟，梅西忽然闪现：迪马利亚右路传球，梅西右肋禁区前拿球。墨西哥防守站位毫无破绽，但梅西灵光一闪，一脚远射。1比0，阿根廷首开纪录。

这个球凭空而来，毫无征兆。墨西哥队什么都没做错，只是因为梅西闪了一下。

墨西哥的奥乔亚是个卓越的门将，此前一场小组赛，他刚扑出了波兰名将莱万多夫斯基的点球。但在对付梅西这个远射时，他犯了一点不算错误的错误：看到梅西接球，奥乔亚做了个门将惯做的小跳步，通常门将这么做，是为了更快速侧跳接球，但当遇见某些射门极快极隐蔽的球员时，这个小跳步，便不是好事了。梅西恰好抓住了这个小跳步，闪电起脚，一击而中。毕竟，梅西是足球史上射门极快极隐蔽的球员之一。

阿根廷 1 比 0 领先后，回收、反击，尽量拉开空间，寻求反击。第 87 分钟，恩佐·费尔南德斯左路切中推射，2 比 0。于是阿根廷 2 比 0 击败墨西哥，从悬崖边爬回来了。

梅西和恩佐庆祝进球

事实证明：在比赛第 63 分钟前，阿根廷的战术其实也只是德保罗套边右路、阿库尼亚左边推进；圭多与麦卡利斯特疯狂奔跑；劳塔罗牵制。最后，迪马利亚把球传给梅西。大概对阿根廷而言，最有效的依然是这个战术：推进到前场，把球传给梅西，然后盼望奇迹。

　　一个命运的巧合：阿根廷击败墨西哥这天，是马拉多纳的两周年忌日。1986 年马拉多纳带阿根廷，在墨西哥拿下世界杯冠军。而梅西恰在对墨西哥这一场，打进了他个人世界杯第 8 球——追平了马拉多纳的纪录。

　　在击败墨西哥 4 天后，阿根廷队继续迎战小组赛最后一个对手——波兰。

　　迎战波兰这场比赛，到第 39 分钟为止，简直像命运要折磨梅西：波兰上半场挨了阿根廷 14 发射门，其中 9 发命中门框范围，然而波兰门将什琴斯尼发挥神勇，将球全部扑出，包括梅西第 39 分钟的一个点球。

　　如果阿根廷因为梅西射飞点球而被淘汰，梅西以射飞点球结束他的世界杯之旅，那是何等的厄运？

　　但这次，阿根廷没让梅西失望：下半场一开始，阿根廷的年轻人站出来了。

　　上一战阿根廷对墨西哥僵持到后半段，梅西一脚远射打开局面。之后，2001 年出生的恩佐进球，最终以 2 比 0 的比分赢得比赛。

　　这一战对波兰，下半场刚开始，1998 年出生的莫利纳右路传球，助攻 1998 年出生的麦卡利斯特低射，为阿根廷首开纪录：一个不算快的地滚球射门，敲远门柱得分；之前上下翻飞的什琴斯尼，就是没扑到这一球。

　　之后阿根廷熬过了一波波兰的反击，有差不多十分钟，阿根廷满足于梅西和迪马利亚两只金左脚在右肋方寸之间对搓，仿佛两个老江湖对坐饮茶。梅西上半场点球被扑，但下半场多次威胁球门：1 比 0 领先后，53 分钟，梅西有一次长途奔袭进禁区，结果射门时步点没调整好，踢跐了；2 比 0 领先后，梅西一脚突进低射，被什琴斯尼扑出。

终于在传切消耗波兰良久后，比赛第 67 分钟，2001 年出生的恩佐传球，代替劳塔罗首发、2000 年出生的阿尔瓦雷斯一个标准中锋背身拿球转身射门，2 比 0。

于是阿根廷的年轻人，胜利了。

麦卡利斯特 2019 年开始为阿根廷出赛。

莫利纳和阿尔瓦雷斯 2021 年开始为阿根廷出赛，跟着梅西拿了美洲杯。

恩佐 2022 年开始为阿根廷出赛。

阿根廷对澳大利亚与波兰合计 4 个进球，除了梅西的远射外，都来自 1998 年后出生的少年。当梅西射丢点球后，这些从小看着梅西的背影，一路成长至今的少年，撑起了阿根廷。虽然只是小组赛，但阿根廷的年轻人在这场生死战中证明了：

阿根廷不止有梅西。

2022 年世界杯 1/8 决赛，梅西迎来了生涯第 1000 场比赛：阿根廷对决澳大利亚。

斯卡洛尼教练再度大胆变阵，首发派上了首战对沙特发挥不佳的戈麦斯，并连续两场让阿尔瓦雷斯代替劳塔罗首发。澳大利亚采用规规矩矩的 442 窄阵；阿根廷则让右边卫莫利纳大幅度推前，中路恩佐回撤出球，德保罗帮忙串联右路。整体阵型相当偏左：左路阿库尼亚、麦卡利斯特和戈麦斯细密传递，戈麦斯负责让麦卡和阿库尼亚前推；阿尔瓦雷斯在中路和右肋活动。

上半场阿根廷控球率 61%，但射门只两次，只一次射正球门，但是进球了！首开纪录者，自然又是梅西。

第 35 分钟，上半场频频在左肋活动的梅西到了右肋，招牌的踢墙、内切，奥塔门迪把球交给梅西后让开，梅西弧线低射，阿根廷 1 比 0 领先。

下半场刚开始，斯卡洛尼教练再次变阵：用利桑德罗替下戈麦斯：变阵三中卫，施展出了世界杯前传说一再演练的新阵。利桑德罗、罗梅罗、奥塔门迪三中卫坐镇中路，右路莫利纳和左路阿库尼亚大幅度推前，阿根廷开始积极反抢。这一招立竿见影。第 57 分钟，瑞恩在德保罗逼抢下趟球稍大，积极游走的阿尔瓦雷斯乘机抢断将球打进，阿根廷 2 比 0 领先。

这是阿根廷本场第 4 次射门而已，4 次射门就 2 比 0：战术效率的完美体现。

至此，是斯卡洛尼教练变阵的成功：梅西的灵光让阿根廷 1 比 0 领先，变阵三后卫，两翼压上反抢，比分优势扩大至 2 比 0。

当然，阿根廷如此两翼齐飞地逼抢，还是得付出代价：第 77 分钟，阿根廷右路逼抢线过高，被澳大利亚一路突破打穿，把球传进禁区；恩佐补位不及，澳大利亚扳回一球。这一球后，右边卫莫利纳立刻被换下：他体能也用尽了。

又 7 分钟后，澳大利亚左边比伊奇插阿根廷右肋，一路过关斩将，直到禁区，差点完成世界波。

至此阿根廷终于开始回缩，进入最后的消耗战。那是阿根廷最被动的时刻，却是梅西最闪光的时候。第 88 分钟，梅西一路奔袭，传给劳塔罗一个单刀球，劳塔罗射门，不过球偏出了门框范围。第 92 分钟，梅西把着尺寸，传给劳塔罗一个准单刀球，劳塔罗射门命中门框，但球被扑出。1 分钟后，梅西自己突入禁区，思考了一秒，横拉，面对对方两个防守队员起脚旋远角射门，球偏出了门框范围。第 94 分钟，梅西再传给劳塔罗一个准单刀球，劳塔罗射门打了守门员的脚，没有得分。

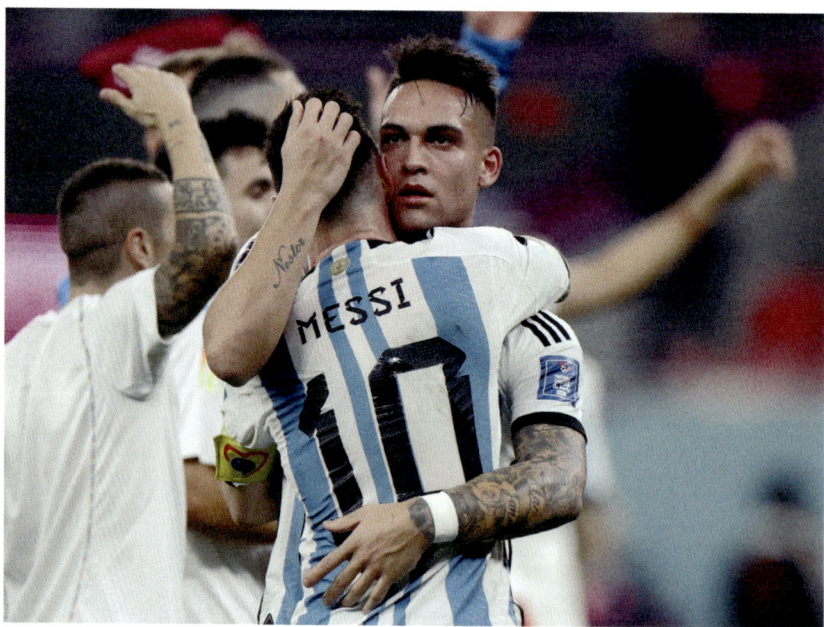

屡失良机的劳塔罗

　　阿根廷本来游刃有余的胜局，最后只以 2 比 1 的比分堪堪过关。比赛最后时刻，阿根廷守门员马丁内斯扑住了澳大利亚库尔最后一击，队友全都扑上去抱住他：晋级八强了！

于是梅西生涯第 1000 场比赛，他不仅带阿根廷晋级世界杯八强，还射进了他的第 789 球，这也是他的第一个世界杯淘汰赛进球。

但这一场也或多或少显出了阿根廷队的一点隐忧：他们如此狂奔绞杀的踢法，相当考验体力；这就导致他们 2 比 0 领先后，又被澳大利亚反扑了一球。

另一场 1/8 决赛，上届冠军法国 3 比 1 淘汰了波兰，也挺进了八强。

这一年的法国队，与 2018 年淘汰阿根廷那支冠军之师截然不同。本泽马、博格巴、坎特、恩昆库等名将纷纷受伤缺席，甚至左边卫卢卡斯·费尔南德斯也在世界杯揭幕战受伤。故此，德尚教练坚定了决心：由格里兹曼作为球队组织核心，36 岁的中锋吉鲁担当攻城桥头堡，而球队的进攻核心集中在将满 24 岁的姆巴佩身上。

1/8 决赛，姆巴佩先助攻吉鲁得分，随后下半场连进两球，淘汰波兰。

至此姆巴佩两届世界杯已进 9 球，追平了梅西在世界杯比赛上的累计进球纪录。

那时这对巴黎圣日耳曼队友大概还不知道，他们之后将有宿命的相逢。

2022 年 12 月 10 日，世界杯 1/4 决赛，阿根廷对决荷兰。

2014 年世界杯，梅西曾带领阿根廷队世界杯半决赛点球击败荷兰，晋级决赛。

8 年之后，又重演了一遍：只是过程更刺激了。

比赛到 73 分钟，梅西一射一传让阿根廷 2 比 0 领先荷兰。到那时为止，阿根廷的年轻人，做了他们该做的。

上一场阿根廷对澳大利亚的第50分钟，斯卡洛尼变阵三后卫，施压拼抢，阿尔瓦雷斯打进第二球。这一场阿根廷照此办理，三中卫首发开局，左翼阿库尼亚，右翼莫利纳大幅度推前。

这打法得了成效：第35分钟，梅西一个不可思议的上帝视角传球直塞，穿越荷兰重重防守，助攻右翼插上的莫利纳射门得分，阿根廷1比0领先。

第73分钟，左翼阿库尼亚突进造点球，梅西罚进，领先优势扩大至2比0。阿根廷队"三中卫+两翼齐飞"阵型，至此大获成功。阿根廷年轻人的奔跑绞杀，把比赛搅乱，荷兰队无所适从。恩佐和荷兰少年前锋加科波斗智斗勇，德保罗纠缠荷兰的巴萨中场德容，阿尔瓦雷斯一个人逼抢荷兰中卫范戴克、邓弗里斯与廷贝尔三个人。

在本届世界杯阿根廷队此前的比赛中，梅西已经三次首开纪录打破僵局，而本场梅西用一个传球助攻打开僵局，又用一个进球将比分优势扩大至2比0。大概阿根廷队就是这么坚信，也确实得到了成果：

" 我们拼命奔跑，等梅西创造奇迹。"

但阿根廷对澳大利亚一战的隐忧又显出来了：前70分钟，球队体力消耗巨大，犯规与黄牌频现，任意球连绵不断。德保罗体能耗尽下场之后，阿根廷中路支撑不住。荷兰老帅范加尔派出了身高197厘米的中锋韦霍斯特，立刻取得成效：第83分钟，韦霍斯特甩头攻门，追回一球。

然后补时赛第10分钟阿根廷队被判犯规，荷兰获得一个任意球机会，库普梅纳斯主罚送出直塞，韦霍斯特长腿一击，2比2，荷兰队追平比分。

　　　　　　　　　　　　　　　　　　　　　　　梅西传奇

1998 年世界杯，英格兰大战阿根廷，阿根廷的萨内蒂打进过一个类似的任意球。那年世界杯 1/4 决赛，恰是荷兰淘汰了阿根廷……

但阿根廷没有屈服于命运。

双方点球大战，荷兰队长范戴克射第一个点球，被扑出；梅西轻推打进阿根廷第一个点球：阿根廷的信心起来了。最后，上一场对澳大利亚发挥奇差的劳塔罗，一脚射进了锁定胜局的点球，击败了荷兰。

阿根廷点球战胜荷兰后，梅西拥抱发挥神勇的门将马丁内斯

2014年世界杯，阿根廷在淘汰赛加时赛上淘汰了瑞士，又在点球大战中淘汰了荷兰，才进了决赛。冠军并不总是踢得漂亮华丽，而是摸爬滚打，瑕瑜互见磨出来的。

所谓冠军，得能赢难看的比赛。这场阿根廷踢得不漂亮，但经历了一场2比0，被追平，点球大战后，阿根廷的年轻人，尤其是守门员马丁内斯，在眼看要自己挖坑埋掉自己的险境下，终于没辜负梅西的努力。

荷兰足够坚韧，足够顽强，但恰是压倒这样的对手，大概足以证明：阿根廷这些混乱但坚韧的年轻人，会犯错，但他们确实肯跑肯拼。

不管过程如何，最后乱七八糟地也能拼下比赛。再不漂亮的赢球，都好过漂亮的输球。梅西在赛场上的努力保证了阿根廷在上半场比赛的领先地位，之后阿根廷的队友们自己一度要输掉比赛，但最后又靠着自己的努力撑回来了。点球大战，马丁内斯居功至伟，劳塔罗救赎了自己。

世界上最大的幸福，就是虚惊一场。

另两场1/4决赛，一场葡萄牙输给了摩洛哥，另一场克罗地亚淘汰了此前夺冠呼声最高的巴西。于是葡萄牙队37岁的克里斯蒂亚诺·罗纳尔多，梅西的宿敌，结束了他的2022年世界杯之旅。巴西队的内马尔至此已参加了三届世界杯，两次止步于八强，而2014年巴西队进了四强，内马尔却没赶上半决赛，可谓造化弄人。

接着由37岁老将莫德里奇带领的克罗地亚队，半决赛便会遭遇阿根廷队。

结果是：阿根廷3比0战胜克罗地亚。

阿根廷对澳大利亚之战，中途换了三后卫奏效；对荷兰用三中卫首发取胜；但半决赛对克罗地亚，斯卡洛尼教练又一次变阵，换了442阵型。克罗地亚以坚韧反击见长，阿根廷便也以防守对应，中路防守得密不透风，诱克罗地亚两翼推前。

比赛第32分钟，趁克罗地亚后卫线站位不当，阿尔瓦雷斯突进，逼迫克罗地亚守门员里瓦科维奇犯规，阿根廷队获得点球。梅西操刀点球，打进个人本届世界杯第五球，阿根廷1比0领先。

5分钟后，阿尔瓦雷斯中路突进再进一球：他运气不错，突破过程中，克罗地亚后卫索萨与尤拉诺维奇都试图解围，但球都弹回阿尔瓦雷斯身上。仿佛命运在酬报阿尔瓦雷斯的勤奋：对澳大利亚，他与德保罗积极逼抢打进了第二球；对克罗地亚，他靠灵活跑位造了第一个点球，随即自己也打进一球。

梅西拥抱阿尔瓦雷斯

胡利安·阿尔瓦雷斯是个勤恳认真的青年。他当年签约阿根廷河床后，曾将自己的第一件河床球衣签了名，送给自己的足球启蒙教练拉斐尔·瓦加斯。

一年后，瓦加斯教练意外发现，门前多了辆卡车。阿尔瓦雷斯给他留言："教练，以后你运东西就方便啦！"

他和所有阿根廷小将一样，从小崇拜梅西，刚开始踢足球的阿尔瓦雷斯曾许过愿：长大后和梅西一起去踢世界杯。现在，他和梅西在同一场世界杯半决赛进球了。梦想成真。

但还没结束呢。

全场第69分钟，梅西面对20岁的克罗地亚中卫约什科·格瓦迪奥尔。后者本届世界杯发挥神勇，堪称赛会最佳中卫，但让他一个人对梅西，终究还是太残忍了。梅西边线接球，一路突破格瓦迪奥尔，到禁区边缘，背身护球，然后回眸一望，底线转身，闪过格瓦迪奥尔，一个低传，阿尔瓦雷斯轻轻一点，打进本届世界杯个人第4球。阿根廷3比0领先，并就此取胜。

这是梅西第25场世界杯比赛，平了德国老将马特乌斯创造的世界杯参赛场数的纪录。

本场比赛梅西打进了本届世界杯第5球，平了1986年马拉多纳创造的单人单届世界杯进球纪录。这个球也是梅西代表阿根廷的第11个世界杯进球，超过了巴蒂斯图塔，独居阿根廷队史第一。

梅西传奇

梅西突破格瓦迪奥尔

    上届世界杯，克罗地亚 3 比 0 击败阿根廷后，莫德里奇说过一句公道话："梅西不可思议，但他无法独自完成一切。"

    4 年后的此时，莫德里奇尽力了，而梅西的阿根廷，去了世界杯决赛。

    这当然不是凭空而来的，是这些年轻人跟着梅西一起拼搏得来的。

    小组赛最后一战对波兰，梅西射失点球后，阿根廷的年轻人站起来拯救了球队：

    1998 年出生的莫利纳助攻 1998 年出生的麦卡利斯特进球。

    2001 年出生的恩佐助攻 2000 年出生的阿尔瓦雷斯进球。

    这场对克罗地亚的比赛中，则是阿尔瓦雷斯两个进球外加制造一个点球，梅西一个点球，外加一个神奇助攻。

    阿根廷队的年轻人和梅西互相成就。

    于是 2022 年，阿根廷挺进了世界杯决赛。

    另一边，法国淘汰了摩洛哥，也来到了世界杯决赛。

4年前的世界杯1/8决赛，法国4比3击败阿根廷。姆巴佩独进两球，造了一个点球，从此名扬世界。

2021年欧冠淘汰赛，巴黎圣日耳曼对巴萨，姆巴佩在诺坎普上演帽子戏法。

2022年世界杯决赛，此前在世界杯同样打进了5球的巴黎圣日耳曼队友——姆巴佩与梅西，再次相遇了。

2022年12月18日，卡塔尔卢塞尔体育场。世界杯决赛，阿根廷对法国。

赛前最引人关注的细节：34岁的迪马利亚，确定为阿根廷队的决赛首发队员。

8年前，2014年世界杯决赛当天中午11点，当时效力于皇家马德里的阿根廷大将迪马利亚正准备注射止痛针。当时他右腿肌肉撕裂，但他想踢决赛。他对队医说："如果我伤了，就让我伤着；我不在乎，我只想比赛。"

阿根廷的队医丹尼尔·马丁内斯递给他一封信，说："皇家马德里那边说你不能出赛。他们要我们别让你出赛。"

迪马利亚明白：皇马要签哈梅斯·罗德里格斯，打算卖掉迪马利亚，不希望迪马利亚受伤，导致卖不出去。迪马利亚直接撕了信，说："唯一能决定能不能上场的只有我自己。"

但临了，他不希望把一切搞复杂。于是他去找阿根廷的萨贝拉教练，跟他说，随他调派。

"如果你要派我，我就上；如果你选择派其他人，我就不上。我只想赢世界杯。如果你叫我上，我会去踢到自己倒下。"说着说着他哭了。

那场决赛，萨贝拉教练安排了恩佐·佩雷斯首发。迪马利亚在场边看完2014年世界杯决赛，亲眼看着阿根廷输掉，甚至连出场一战的机会都没有。

2022年世界杯，此前对澳大利亚和克罗地亚，迪马利亚都担当替补。但决赛，斯卡洛尼教练给了他首发的机会。

巧妙的是，阿根廷不只派了迪马利亚，还让此前踢右路的他站了左路：法国主帅德尚是以不变应万变，阿根廷主帅斯卡洛尼教练却是积极求变。

这个变阵，效果立竿见影：比赛中，迪马利亚在左翼调戏法国右翼、梅西的巴萨老队友登贝莱。比赛第23分钟，迪马利亚哄得登贝莱上抢，晃过登贝莱；登贝莱手脚行动快过大脑，扒拉了迪马利亚一下，再缩手来不及了：迪马利亚倒地，阿根廷获得点球机会。

梅西一脚射进，阿根廷1比0领先。

梅西曾在巴萨亲眼看着登贝莱犯了那么多次蠢，至此终于从中受益了一次……

比赛第36分钟，迪马利亚反击打进第二球，阿根廷2比0。

梅西和阿尔瓦雷斯冲向进球的迪马利亚

迪马利亚进完球就哭了：2014年命运欠他的，现在都还给了他。

阿根廷的战术卓然有效，前36分钟，2比0领先；前80分钟，阿根廷都占了上风。

针对姆巴佩的左路活动，开场就是德保罗和莫利纳前后夹击；第57分钟，甚至梅西也参与，三人夹击姆巴佩——于是法国左路攻势艰难。

德保罗在梅西身后，猛抢法国中场拉比奥，并与恩佐并肩向前传球；麦卡利斯特左肋死缠法国组织核心格里兹曼，并积极前插接应迪马利亚；迪马利亚出其不意地左路连续攻击，让法国之前不露破绽的右边路二人组孔德和登贝莱无所适从。

本来法国防守弱在左边，阿根廷却直捣法国右路，终于迪马利亚奇兵奏效。

法国的德尚教练一直在调整：第40分钟，他换下了登贝莱与吉鲁。第63分钟，迪马利亚体力用尽下场。7分钟后，法国又换下了格里兹曼与特奥。

到此为止，法国的进攻王牌一时耗尽，只剩姆巴佩在场了。

此前英格兰与法国1/4决赛交战前，姆巴佩在巴黎圣日尔曼的前教练波切蒂诺曾如此描述："姆巴佩很习惯不拿球，甚至可以5分钟、10分钟地游离于比赛之外；但只要给他一点机会，他就可能改变比赛。"

比赛到第80分钟，2比0领先的阿根廷眼看要拿到世界冠军时，风云乍变：当时阿根廷又显出体能耗尽、后劲不足的问题，而姆巴佩的求胜欲永不熄灭。

法国的兰达尔·穆阿尼在禁区被犯规，姆巴佩打进点球。97秒后，姆巴佩神奇地在左肋低射得分，法国将比分追到 2 比 2：那是姆巴佩本届世界杯个人第 7 球。

97 秒之内，局势天翻地覆。

之后双方拖入加时赛，加时赛下半场刚开始 2 分钟，梅西右肋配合后进球：阿根廷 3 比 2 领先。这是梅西本届世界杯个人第 7 球，个人世界杯累计第 13 球，梅西超过了巴西球王贝利在世界杯中累计进 12 球的纪录。

但姆巴佩还是没放弃：加时赛还剩 2 分钟，姆巴佩制造点球并亲自射进，至此他打进本届世界杯个人第 8 球，追平 2002 年世界杯的罗纳尔多，之后他将得到本届世界杯最佳射手，这也是他世界杯累计第 12 球，追平贝利的 12 球，更是完成了 1966 年以来世界杯决赛史上第一个帽子戏法。姆巴佩在未满 24 岁之际，就成为世界杯决赛史上进球最多的人——2018 年 1 球，2022 年 3 球，合计 4 球。

于是法国与阿根廷拖入点球大战，姆巴佩与梅西各自首先出场，各一个点球得手。但之后，阿根廷门将马丁内斯发挥神勇，而法国的替补们毕竟年轻缺乏经验，法国的科曼与琼阿梅尼射失点球，而阿根廷则是梅西、迪巴拉、帕雷德斯与蒙铁尔一一射进：阿根廷点球取胜，拿下了 2022 年世界杯冠军。

阿根廷，阿根廷的莱昂内尔·梅西，以及阿根廷国家队，经历了史上最神奇的决赛之一——阿根廷 10 号梅西梅开二度，法国 10 号姆巴佩上演帽子戏法——拿到了 2022 年世界杯冠军。

夺得 2022 世界杯冠军的阿根廷队

16 _____ 如此壮阔的史诗结尾，才称得上梅西的加冕礼

比赛前 80 分钟，仿佛一切就要平淡结束。但仿佛命运觉得，九九八十一难到最后，就这样放走梅西，太轻巧了。又仿佛姆巴佩觉得，他蓬勃的雄心，不能到此结束。

也许冠军早已到了梅西手里，只是姆巴佩竭尽全力，天降神勇，让冠军仪式晚到了近一小时。

2018 年俄罗斯世界杯 1/8 决赛，阿根廷战法国。年轻的姆巴佩进 2 球外加制造 1 个点球，从此扬名世界。当时梅西身后是史上最差的阿根廷队，而姆巴佩身后是巅峰期的格里兹曼和坎特，以及还没动歪心思的博格巴。法国淘汰阿根廷。

2022 年卡塔尔世界杯决赛，阿根廷战法国。梅西梅开二度，姆巴佩上演帽子戏法。但梅西身边是他一路带起来的年轻人，而姆巴佩，尤其是 80 分钟之后的姆巴佩，全靠他个人无穷的体力与欲望在支撑。这一天，姆巴佩再次扬名世界，但梅西拿走了冠军。

斯卡洛尼教练赛后大为感慨："我很自豪，今天我终于得以解脱了。这支球队给我如此之多的骄傲，一切荣耀都归于国家队！"

守门员马丁内斯认为，本来比赛在阿根廷控制之中，但"球队总是要受苦。法国几乎要反败为胜，但感谢上帝，我们赢了。世界杯是我梦寐以求的，我的情感无以言表"。

德保罗则说得更为动人："我们生来就是要吃苦受罪，但我不会忘记这次世界杯。我们是赢家。要当冠军，你就得击败最后的冠军。我们赢了。"

　　　　　　　　　　　　　　　　　　　梅西传奇

梅西呢？

他说这个结局对他而言，过于疯狂。他感谢了上帝给予他这座世界杯冠军奖杯，"我在职业生涯末尾，赢下了美洲杯和世界杯……我爱足球，我享受与国家队这个团队一起作战，我想继续多踢些比赛，作为世界冠军……看看世界杯，它多美丽，它是最美妙的……我们吃了许多苦，但我们得到冠军了。我迫不及待想要回到阿根廷，看看球迷们有多疯狂了。这是每个孩子的梦想，我足够幸运，能够成就一切，我所期待的就在这里了"。

是的。梅西经历了如此之多，终于得到了世界杯冠军。这是最美好的结局。当然幸运的不只是他，也有足球本身。梅西这结尾的方式足够完美：决赛梅开二度，加时赛几乎绝杀，点球大战率先得手。以往的一切质疑，都被这个世界杯冠军，这场决赛，一扫而尽了。

细想起来，这是最好的结局：马拉多纳的世界杯旅程，是个顽劣少年成长为无双豪杰，但最终独木难支，跌入泥淖的故事；梅西的世界杯旅程，则是个少年英才初出茅庐，经历了被教练坑（2010年的马拉多纳），也经历了独木难支跌进谷底的时刻，最终"扶老携幼"带队崛起，"老"来圆满的故事。

到结局，是这样注定写入史书的、波澜壮阔的决赛，才为之收尾。

他在一年半的时间里经历了赢得美洲杯冠军，被巴萨放弃，去到巴黎圣日耳曼，拿下世界杯冠军。

人生。足球。太神奇了。

我们可以说，如梅西自己所言，他足够幸运，成就了一切。2022年世界杯冠军，是他辉煌足球生涯的传奇结尾。

也可以反过来说，足球运动足够幸运，拥有了梅西这样一个传奇，这样一个独一无二的球员。毕竟，球员们需要的是胜利与荣誉；足球运动本身需要的是口口相传的传奇。梅西渡尽劫难，在2022年世界杯决赛中踢出可能是史上最传奇的决赛，并最终夺冠，为他的球员生涯在快要行至结尾处画上一个惊叹号，从此永久地拥有了与贝利和马拉多纳这两位传奇球王并称的资格。这本身就是一个让足球运动熠熠生辉的故事。

所以，是2022年世界杯这样波澜壮阔的决赛，如此壮心似铁的迪马利亚，如此神勇的马丁内斯，如此奔跑不息的阿根廷全队，以及如此锲而不舍一直追赶到最后，与梅西并肩创造历史的对手姆巴佩——世界杯决赛结束后2天，他才满24岁——才显出梅西这个冠军的难能可贵，才衬得起莱昂内尔·梅西称王的加冕仪式。

夺冠后和家人一起庆祝的梅西

Messi

图书在版编目（CIP）数据

梅西传奇 / 张佳玮著 . -- 长沙：湖南文艺出版社，2022.11（2023.2 重印）

ISBN 978-7-5726-0891-9

Ⅰ . ①梅… Ⅱ . ①张… Ⅲ . ①梅西 - 传记 Ⅳ . ① K837.835.47

中国版本图书馆 CIP 数据核字（2022）第 194078 号

上架建议：名人传记

MEIXI CHUANQI

梅西传奇

作　　者：张佳玮
出　版　人：陈新文
责任编辑：匡杨乐
监　　制：于向勇
策划编辑：王远哲
文字编辑：王成成　张妍文
营销编辑：陈可垚　黄璐璐　时宇飞
封面设计：潘雪琴
版式设计：李　洁
出　　版：湖南文艺出版社
　　　　　（长沙市雨花区东二环一段 508 号　邮编：410014）
网　　址：www.hnwy.net
印　　刷：雅迪云印（天津）科技有限公司
经　　销：新华书店
开　　本：700mm×980mm　1/16
字　　数：223 千字
印　　张：22.5
版　　次：2022 年 11 月第 1 版
印　　次：2023 年 2 月第 3 次印刷
书　　号：ISBN 978-7-5726-0891-9
定　　价：78.00 元

若有质量问题，请致电质量监督电话：010-59096394
团购电话：010-59320018